Kohlhammer

Die Autorin und die Autoren

Susann Koalick, Leiterin Nikotinberatung, Klinik Barmelweid. Chair Global Network for Tobacco Free Healthcare Services (GNTH), Präsidentin Forum Tabakprävention in Gesundheitsinstitutionen Schweiz (FTGS).

Dr. med. Thomas Sigrist, Leiter Departement Innere Medizin und Chefarzt Pneumologie, Klinik Barmelweid. Vizepräsident der Schweizerischen Gesellschaft für Pneumologie und Vorstandsmitglied der Lungenliga Aargau.

Dr. med. Oliver Bilke-Hentsch, MBA LL.M., Chefarzt des Kinder- und Jugendpsychiatrischen Dienstes der Luzerner Psychiatrie. Vizepräsident Forum Tabakprävention in Gesundheitsinstitutionen Schweiz (FTGS).

Susann Koalick
Thomas Sigrist
Oliver Bilke-Hentsch

Nikotinabhängigkeit und Tabakprävention

Verlag W. Kohlhammer

Dieses Werk einschließlich aller seiner Teile ist urheberrechtlich geschützt. Jede Verwendung außerhalb der engen Grenzen des Urheberrechts ist ohne Zustimmung des Verlags unzulässig und strafbar. Das gilt insbesondere für Vervielfältigungen, Übersetzungen und für die Einspeicherung und Verarbeitung in elektronischen Systemen.

Pharmakologische Daten verändern sich ständig. Verlag und Autoren tragen dafür Sorge, dass alle gemachten Angaben dem derzeitigen Wissensstand entsprechen. Eine Haftung hierfür kann jedoch nicht übernommen werden. Es empfiehlt sich, die Angaben anhand des Beipackzettels und der entsprechenden Fachinformationen zu überprüfen. Aufgrund der Auswahl häufig angewendeter Arzneimittel besteht kein Anspruch auf Vollständigkeit.

Die Wiedergabe von Warenbezeichnungen, Handelsnamen und sonstigen Kennzeichen berechtigt nicht zu der Annahme, dass diese frei benutzt werden dürfen. Vielmehr kann es sich auch dann um eingetragene Warenzeichen oder sonstige geschützte Kennzeichen handeln, wenn sie nicht eigens als solche gekennzeichnet sind.

Es konnten nicht alle Rechtsinhaber von Abbildungen ermittelt werden. Sollte dem Verlag gegenüber der Nachweis der Rechtsinhaberschaft geführt werden, wird das branchenübliche Honorar nachträglich gezahlt.

Dieses Werk enthält Hinweise/Links zu externen Websites Dritter, auf deren Inhalt der Verlag keinen Einfluss hat und die der Haftung der jeweiligen Seitenanbieter oder -betreiber unterliegen. Zum Zeitpunkt der Verlinkung wurden die externen Websites auf mögliche Rechtsverstöße überprüft und dabei keine Rechtsverletzung festgestellt. Ohne konkrete Hinweise auf eine solche Rechtsverletzung ist eine permanente inhaltliche Kontrolle der verlinkten Seiten nicht zumutbar. Sollten jedoch Rechtsverletzungen bekannt werden, werden die betroffenen externen Links soweit möglich unverzüglich entfernt.

1. Auflage 2022

Alle Rechte vorbehalten
© W. Kohlhammer GmbH, Stuttgart
Gesamtherstellung: W. Kohlhammer GmbH, Stuttgart
Illustrationen: toro/freepic

Print:
ISBN 978-3-17-037174-3

E-Book-Formate:
pdf: ISBN 978-3-17-037175-0
epub: ISBN 978-3-17-037176-7

Geleitwort der Reihenherausgeber

Die Entwicklungen der letzten Jahrzehnte im Suchtbereich sind beachtlich und erfreulich. Dies gilt für Prävention, Diagnostik und Therapie, aber auch für die Suchtforschung in den Bereichen Biologie, Medizin, Psychologie und den Sozialwissenschaften. Dabei wird vielfältig und interdisziplinär an den Themen der Abhängigkeit, des schädlichen Gebrauchs und der gesellschaftlichen, persönlichen und biologischen Risikofaktoren gearbeitet. In den unterschiedlichen Alters- und Entwicklungsphasen sowie in den unterschiedlichen familiären, beruflichen und sozialen Kontexten zeigen sich teils überlappende, teils sehr unterschiedliche Herausforderungen.

Um diesen vielen neuen Entwicklungen im Suchtbereich gerecht zu werden, wurde die Reihe »Sucht: Risiken – Formen – Interventionen« konzipiert. In jedem einzelnen Band wird von ausgewiesenen Expertinnen und Experten ein Schwerpunktthema bearbeitet.

Die Reihe gliedert sich konzeptionell in drei Hauptbereiche, sogenannte »Tracks«:

Track 1: Grundlagen und Interventionsansätze
Track 2: Substanzabhängige Störungen und Verhaltenssüchte im Einzelnen
Track 3: Gefährdete Personengruppen und Komorbiditäten

In jedem Band wird auf die interdisziplinären und praxisrelevanten Aspekte fokussiert, es werden aber auch die neuesten wissenschaftlichen Grundlagen des Themas umfassend und verständlich dargestellt. Die Leserinnen und Leser haben so die Möglichkeit, sich entweder Stück für Stück ihre »persönliche Suchtbibliothek« zusammenzustellen oder aber mit einzelnen Bänden Wissen und Können in einem bestimmten Bereich zu erweitern.

Geleitwort der Reihenherausgeber

Unsere Reihe »Sucht« ist geeignet und besonders gedacht für Fachleute, Praktikerinnen und Praktiker aus den unterschiedlichen Arbeitsfeldern der Suchtberatung, der ambulanten und stationären Therapie, der Rehabilitation und nicht zuletzt der Prävention. Sie ist aber auch gleichermaßen geeignet für Studierende der Psychologie, der Pädagogik, der Medizin, der Pflege und anderer Fachbereiche, die sich intensiver mit Suchtgefährdeten und Suchtkranken beschäftigen wollen.

Die Herausgeber möchten mit diesem interdisziplinären Konzept der »Sucht«-Reihe einen Beitrag in der Aus- und Weiterbildung in diesem anspruchsvollen Feld leisten. Wir bedanken uns beim Verlag für die Umsetzung dieses innovativen Konzepts und bei der Autorenschaft für die sehr anspruchsvollen, aber dennoch gut lesbaren und praxisrelevanten Werke.

Auch wenn vielfältige gesellschaftliche und normative Maßnahmen den Nikotin- und Tabakkonsum beeinflussen, stellt dieses Suchtverhalten dennoch das größte gesundheitliche und volkswirtschaftliche Risiko dar. Im Gegensatz zu manch anderen Substanzen ist beim Nikotinmissbrauch aufgrund der Schädigung dritter Personen stets der Nichtraucherschutz mit im Fokus. Die Autorin und Autoren dieses Bands stellen die Problematik aus dem Blickwinkel der konkreten Nikotinberatung, internationaler Gremien, somatisch-pulmologischer und suchtpsychiatrischer Sicht dar und geben einen breiten Gesamtüberblick über die Thematik. Aufgrund der besonderen Lage sowohl aus klinischer als auch aus wissenschaftlicher Sicht im Bereich der E-Zigaretten und anderer Apparaturen wird diese Thematik punktuell integriert. Der klassische Nikotinkonsum steht allerdings im Vordergrund.

Oliver Bilke-Hentsch, Luzern/Zürich
Euphrosyne Gouzoulis-Mayfrank, Köln
Michael Klein, Köln

Vorwort

Auch wenn die Nutzung von Nikotin und seinen verschiedenen Produkten die Menschheit seit Jahrhunderten begleitet, so ist doch die erhebliche gesundheitliche Gefährlichkeit dieses scheinbaren Genussmittels erst in den letzten Jahrzehnten wirklich in das öffentliche Bewusstsein gedrungen. Hierzu haben kulturelle, soziale, werbetechnische und kommerzielle Interessen erheblich beigetragen. Aufgrund des hohen Abhängigkeitspotenzials und der schwierigen Entwöhnung kommt der Prävention und Frühintervention eine vielleicht noch größere Bedeutung zu als bei anderen Drogen. Auf einer anderen Ebene sind die »Kollateralschäden« des Nikotins auf Nichtrauchende sehr direkt durch die Stoffwirkungen bedingt. Bei anderen Substanzen wie Alkohol oder Kokain treten zwar auch Kollateralschäden auf, aber die sind eher durch das beeinträchtigte Verhalten von Abhängigen oder Benutzerinnen und Benutzern bedingt. Beim Nikotin dagegen ist das »Mitrauchen« in jeder Lebensphase ungesund und zu vermeiden. Daher gehört zur Thematik Tabakprävention und Behandlung der Nikotinabhängigkeit immer auch der Nichtraucherschutz dazu, was die Thematik komplex macht.

Aus diesem Grund gehen wir in diesem Buch die Thematik von Nikotinabhängigkeit und Tabakprävention aus drei unterschiedlichen Richtungen an. Nach Einführungskapiteln zum Überblick geht es um die präventiven Maßnahmen und den Nichtraucherschutz einerseits sowie um Diagnostik und Therapiemöglichkeiten andererseits. Bearbeitet hat diese Themen hauptsächlich Susann Koalick. Im Weiteren kommen körperliche Wirkungen und Nebenwirkungen zur Sprache, wofür Tom Sigrist als Pulmologe verantwortlich zeichnet. Behandelt werden dabei neurobiologische Themen der Entwicklung, der Suchtdynamik und der individuellen Verläufe, die Oliver Bilke-Hentsch aus (entwicklungs-)psychiatrischer Sicht darstellt. Wir hoffen, damit den Leserinnen und Lesern bzw. Nutzerinnen und Nutzern ein angemessenes Spektrum an Zugangsweisen zu ermöglichen. Aufgrund der langjährigen Tätigkeit aller drei Verfassenden im Kontext des Global Network for Tobacco free Healthcare Service (GNTH) bzw. des Forums Tabakprävention in Gesundheitsinstitutionen der Schweiz (FTGS) kommen auch strukturelle, institutionelle und damit gesundheitspolitische Themen zur Sprache.

Im Herbst 2021

Susann Koalick, Barmelweid/Zürich
Dr. med. Thomas Sigrist, Barmelweid
Dr. med. Oliver Bilke-Hentsch, Luzern/Zürich

Inhalt

Geleitwort der Reihenherausgeber	5

Vorwort	7

1	Einleitung	13
1.1	Historische Aspekte im Überblick	13
1.2	Legale und politische Aspekte	15
1.3	Gesellschaftliche Aspekte	18
1.3.1	Passivrauchen	18
1.4	Technologische Aspekte	20
1.5	Typische Fälle	22

2	Epidemiologie	28

3	Stoffspezifika	31
3.1	Zigarre und Tabakpfeife	33
3.2	Shisha	34
3.3	Pharmakokinetik	34

| 4 | **Substanz- und Verhaltenswirkungen** | **36** |

4.1	Verhaltenscharakteristika von Nikotingebrauch und Tabakabhängigkeit	36
4.2	Substanzwirkungen auf die Organe	37
4.2.1	Neurobiologie	37
4.2.2	Allgemeine Wirkungen	37
4.2.3	Lungensystem	38
4.2.4	Herz und Gefäße	39
4.2.5	Haut	40
4.2.6	Parodontalerkrankungen	42
4.2.7	Weitere Erkrankungen	42
4.2.8	COVID-19 und Rauchen	43

| 5 | **Psychosoziale Aspekte** | **44** |

5.1	Genderaspekte/Geschlechtsunterschiede	45
5.2	Diversityaspekte	46
5.2.1	Schwangere	46
5.3	Chronisch Erkrankte	50

| 6 | **Ätiologie und interdisziplinäres Fallverständnis** | **54** |

| 7 | **Klassifikation und Diagnostik** | **58** |

7.1	Klassifikation	58
7.1.1	Definition der Nikotinabhängigkeit nach ICD-10 und DSM-IV/DSM-5	58
7.2	Diagnostische Methoden	61

7.2.1	Verfahren zur Bestimmung der Tabakabhängigkeit	61
8	**Interventionsplanung in Therapie und Prävention**	**65**
8.1	Therapieansätze	66
8.1.1	Ressourcen- und lösungsorientierte Beratungskonzepte	74
8.1.2	Die Kurzintervention	80
8.1.3	Medikamente	81
8.1.4	Rauchlose Tabakprodukte	83
8.1.5	Wasserpfeife	85
8.1.6	Spezifische Genderansätze in der Therapie der Tabakentwöhnung	86
8.1.7	Intervention bei Rückfällen	88
8.1.8	Interventionen für eine Reduktion des Tabakkonsums	92
8.1.9	Entzugserscheinungen	92
8.1.10	Mobile Entwöhnungsdienste	96
8.1.11	Ergo- und kunsttherapeutische Ansätze	100
8.1.12	Besonderheiten der Nikotinberatung	101
8.1.13	Rauchen und Alkohol	102
8.1.14	Rauchen und Cannabis	104
8.1.15	Rauchen und psychiatrische Störungen	105
8.2	Präventionsansätze	108
8.2.1	Jugendliche	110
8.2.2	Gesundheitsinstitutionen	112
9	**Ausblick**	**117**

Literatur 119

Sachwortverzeichnis 131

1

Einleitung

1.1 Historische Aspekte im Überblick

Die Wirkung von Nikotin war schon vor 10.000 Jahren bei nord- und mittelamerikanischen Völkern bekannt, insbesondere für kultische Zwecke. Tabak galt als heilige Pflanze, und so rauchten beispielsweise die Native Americans im Norden von Amerika bei ihren Vertragsabschlüssen die sogenannte »Friedenspfeife«.

Die Native Americans nutzten die Tabakpflanze aber auch zur Auflage als Wundverbände, somit also medizinisch, und ebenso getrunken als Sud, gekaut sowie auch geschnupft. Schamanen verwendeten den Tabak, um in die Welt der Geister zu reisen und die Seelen Kranker auf die Erde zurückzubringen. Kolumbus bekam die Pflanze

1 Einleitung

als Gastgeschenk nach seiner Landung in San Salvador im Jahre 1492 und brachte sie nach Europa.

Rodrigo de Jerez, ein Mitglied von Kolumbus' Schiffscrew, war der erste Tabakkonsument, der in Europa Tabak rauchte. Der Rauch ließ die Leute allerdings glauben, der Teufel sei in ihn gefahren, weswegen die Priester der Inquisition ihn ins Gefängnis warfen.

Die heilende Wirkung von Nikotin untersuchte ein französischer Gesandter namens Jean Nicot am portugiesischen Hof, indem er es erfolgreich gegen Kopfschmerz verabreichte. 1590 wurde die Pflanze als Nicotiana bekannt, und seit 1828 ist Nicot der Namensgeber für den Suchtstoff Nikotin. Handelsbeziehungen in alle Welt brachten die Pflanze bis nach Asien und Afrika. Dabei hatte Tabak einen hohen Handelswert, vergleichbar mit heutigen illegalen Drogen.

Als Gebrauchs- und Genussmittel war Tabak im 18. Jahrhundert in vielen Ländern anzutreffen. Zigarren waren die häufigste Form der Anwendung. Die erste Tabakmanufaktur entstand in Sevilla in Spanien. Napoleon brachte die Zigarre mit nach Frankreich, von wo sie nach Deutschland kam und für das Bürgertum zu einem Statussymbol wurde.

1867 wurde auf der Pariser Weltausstellung die erste maschinelle Zigarettenherstellung der Firma Susini aus Havanna vorgeführt.

Mit dieser Entwicklung der Herstellung wurde die Kulturdroge Tabak ab etwa der Hälfte des 20. Jahrhunderts zur Massendroge. Das Rauchen als Muße wechselte dem Rauchen als Stressbewältigung. Die Zigarette wurde dann ein Symbol für das moderne Leben des 20. Jahrhunderts.

Nichtsdestotrotz wurde das Rauchen auch schon im 19. Jahrhundert, vor 150 Jahren, unter negativen Konsequenzen betrachtet, vor allem der Konsum bei Jugendlichen. Rauchen wurde als soziales Problem angesehen: 10- bis 12-jährige Jungen rauchten, und Lehrer wiesen auf das Problem des »narkotischen Tabaks« hin. Ab der zweiten Hälfte des 19. Jahrhunderts wurden in den USA und in Europa Anti-Tabak-Vereinigungen gegründet. Langzeitschäden wie z. B. Zungenkrebs wurden schon vor 150 Jahren festgestellt.

Bis 1950 bestritt die Tabakindustrie die Tatsache, dass Rauchen Folgeerkrankungen provoziert. Heute verursacht die Tabakepidemie acht Millionen Todesfälle pro Jahr weltweit (WHO 2019).

Seit einigen Jahren hat die sogenannte elektrische bzw. elektronische Zigarette mit und ohne Nikotin Einzug gehalten. Die E-Zigarette wird vielfach als harmlose Alternative zur Zigarette oder als Mittel zum Rauchstopp beworben. Es fehlen bisher Langzeitstudien zu den gesundheitlichen Folgen des E-Zigaretten-Konsums (S3-Leitlinie »Rauchen und Tabakabhängigkeit: Screening, Diagnostik und Behandlung« – AWMF 2021).

> **Merke:** Die Tabakpflanze mit ihrem Wirkstoff Nikotin wurde zu Beginn ihrer Geschichte als Kultmittel und Heilpflanze genutzt. Ab dem 19. Jahrhundert mit fortschreitender Industrialisierung und Verbreitung wurden die negativen Konsequenzen des schädigenden Tabakrauchs und der Suchtwirkung des Nikotins als problematisches Verhalten erkannt und betrachtet. In heutiger Zeit halten umstrittene elektrisch erhitzte Tabakerzeugnisse ihren Einzug.

1.2 Legale und politische Aspekte

Die Tabakindustrie ist ein umsatzstarker Wirtschaftszweig. Während in Westeuropa der Tabakkonsum zurückgeht, wird vor allem in Entwicklungsländern mit einem Anstieg gerechnet.

Die Werbung ist vielfältig und richtet sich gezielt an verschiedene Konsumentengruppen, vor allem Neueinsteigende sind für die Tabakindustrie interessant, da eine neue zukünftige Kundschaft angeworben wird. Je früher mit dem Rauchen begonnen wird, desto größer ist die Wahrscheinlichkeit, später regelmäßig zu rauchen, desto schwerer fällt das Aufhören (Sussman et al. 1998) und desto stärker ist

1 Einleitung

die karzinogene Wirkung des Zigarettenrauchs (Wiencke et al. 1999). Eine große Anzahl wissenschaftlicher Studien kommt zu dem Ergebnis, dass Zigarettenwerbung sowohl den Einstieg in den Zigarettenkonsum als auch den Übergang vom Probieren zum regelmäßigen und gewohnheitsmäßigen Rauchen und damit die Festigung des Rauchverhaltens fördert (Gilpin und Pierce 1997; Pierce et al. 1998). Dies gilt nicht nur für die direkten Formen der Werbung, sondern auch für die indirekte Werbung für Tabakprodukte (MacFadyen et al. 2001).

Frauen wurden und sind zunehmend eine Zielgruppe als Konsumentinnen, die direkt beworben wird. Berufstätige Frauen sind dabei besonders interessant auch im Zusammenhang mit einem selbstbestimmten Lebensstil. Durch Bilder von Schlanksein, Emanzipation, Kultiviertheit spricht die Tabakindustrie schon lange die Sehnsüchte der Frauen an. Die Zigarettenpackungen wurden vom Aussehen her den Wunschbildern der Frauen angepasst oder auch mit ansprechenden Aussagen untertitelt oder mit Attributen wie Stil und Geschmack versehen.

Zigaretten sind für den Schmuggelmarkt interessant. Durch das Umgehen der Steuern entsteht eine hohe Gewinnspanne. Günstige Schwarzmarktzigaretten steigern den Zigarettenkonsum. Zigaretten gehören weltweit zu den meistgeschmuggelten Konsumgütern.

Die größten wirtschaftlichen Kosten beim Tabak verursachen die Behandlungen von tabakbedingten Krankheiten.

Beispiel Schweiz: Drei Milliarden Franken/2.742 Milliarden Euro zahlt die Gesellschaft pro Jahr in Form von Krankenkassenprämien und Steuern. Keine andere Sucht verursacht derart hohe Kosten im Gesundheitswesen. Zum Vergleich: Alkohol macht mit 477 Millionen Franken nur ein Sechstel aus, Drogen mit 274 Millionen Franken weniger als ein Zehntel. Tabak ist ebenfalls für den Großteil der suchtbedingten Todesfälle verantwortlich. Von 11.512 suchtbedingten Todesfällen im Jahr 2017 entfallen 9.430 auf Tabak, 1.940 auf Alkohol und 178 auf Drogen. Indirekt, also durch krankheitsbedingte Ausfälle am Arbeitsplatz oder durch frühzeitige Todesfälle, kostet der Tabakkonsum die Schweizer Volkswirtschaft jährlich zwischen 833 Millionen Franken und 3,1 Milliarden Franken – abhängig davon,

1.2 Legale und politische Aspekte

wie breit die indirekten Kosten miteinbezogen werden. In die erste Rechnung werden lediglich die Kosten zur Beschaffung eines »Ersatzes« für die ausgefallene Person miteinbezogen. Die zweite Rechnung berücksichtigt zusätzlich den Verlust über das gesamte Erwerbsleben (AT Schweiz 2020).

Auf politischer Ebene existieren vielfältige Richtlinien durch Gesetzgebungen. Im Mai 2003 haben die WHO-Mitgliedstaaten gesundheitspolitisch »Geschichte geschrieben« durch die Annahme des WHO-Rahmenübereinkommens über Tabakkontrolle, der Framework Convention on Tobacco Control (FCTC) – der erste Vertrag speziell im Zusammenhang mit der öffentlichen Gesundheit. Heute sind 181 Parteien Unterzeichner, und das FCTC ist damit eines der am weitesten verbreiteten Instrumente der Vereinten Nationen (WHO 2003).

Ziele bis 2030 sind die Reduktion vorzeitiger Sterblichkeit durch nicht übertragbare Krankheiten um ein Drittel und die Stärkung der Umsetzung der FCTC.

Die australische Regierung hat beispielsweise 2012 veranlasst, dass Hersteller in Australien nur noch olivgrüne Einheitsverpackungen – bedruckt mit den bereits üblichen Schockfotos und Warnhinweisen – in den Handel bringen dürfen. Auf Logos oder Schriftzüge wird dabei verzichtet; Schriftart, Schriftgröße und Packungsgrundlage werden vereinheitlicht.

In Großbritannien haben die Einführung von Einheitsverpackungen und die Mindestabgabe die Zigarettenverkäufe deutlich gesenkt. Seit 2017 hat Großbritannien komplett auf Einheitsverpackungen umgestellt. Zu diesem Zeitraum trat auch eine Mindeststeuer in Kraft, die es den Verkaufsstellen erschwert, die Zigarettenpreise zu drücken. Diese kombinierten Maßnahmen reduzierten den Absatz von Tabakprodukten deutlich.

Den Nutzen von Plain Packing, also Einheitsverpackungen, erkennen immer mehr Länder und lassen es zu: Irland, Frankreich, Kanada, Neuseeland, Norwegen, Slowenien, Türkei, Niederlande.

Tabakwerbeverbote müssen umfassend sein, wenn sie wirken sollen.

1 Einleitung

Die Weltgesundheitsorganisation (WHO) hat in ihrer Rahmenkonvention der Tabakkontrolle (FCTC) Grundsätze festgelegt für die Tabakprävention. Kinder und Jugendliche sollen nicht mehr zum Tabakkonsum angeworben werden. Promotion, Werbung und Sponsoring für Tabakwaren sowie zur Erhältlichkeit von Tabakwaren sind dort geregelt.

> **Merke:** Die Tabakindustrie ist ein weltweiter Wirtschaftszweig mit einer vielfältigen Werbung, die sich gezielt an verschiedene Konsumentengruppen richtet, vor allem an Jugendliche und Neueinsteigende. Die größten wirtschaftlichen Kosten beim Tabak verursachen die Behandlungen von tabakbedingten Krankheiten. Auf politischer Ebene existieren vielfältige Richtlinien durch Gesetzgebungen, die die Denormalisierung des Rauchens und den Rauchstopp fördern.

1.3 Gesellschaftliche Aspekte

1.3.1 Passivrauchen

Das Wissen über schädliche Folgen des Passivrauchens ist in der Bevölkerung bekannt, dessen Schädlichkeit wird von Raucherinnen und Rauchern jedoch weniger hoch eingeschätzt als von nicht rauchenden Personen.

Der Anteil Personen, die dem Passivrauchen ausgesetzt waren, konnte in den letzten Jahren durch neue gesetzliche Regelungen in den einzelnen Ländern reduziert werden. Personen, die regelmäßig Tabakrauch ausgesetzt sind, haben ein erhöhtes Risiko für Krebserkrankungen, Schlaganfall und akute koronare Herzerkrankungen. Der passiv aufgenommene Rauch gleicht dem aktiv inhalierten Tabakrauch. Partikel des Tabakfeinstaubs lagern sich an Wänden, Textil-

1.3 Gesellschaftliche Aspekte

fasern (z. B. Vorhängen) und Einrichtungsgegenständen ab und werden von dort wieder in die Raumluft abgegeben.

Kinder in Raucherhaushalten sind durch Passivrauchen besonders gefährdet, da sie eine höhere Atemfrequenz und ein weniger effizientes Entgiftungssystem haben als Erwachsene. Wenn ihre Eltern rauchen, leiden sie vermehrt unter Mittelohrentzündungen und Atemwegserkrankungen wie Bronchitis und Lungenentzündung. In Autos, in denen geraucht wird, sind Kinder den giftigen und krebserzeugenden Substanzen des Tabakrauchs schutzlos ausgesetzt. Daher bedeutet Passivrauchen im Auto für Kinder eine vermeidbare Gesundheitsgefahr.

Auch E-Zigaretten und Tabakerhitzer belasten den Fahrzeugraum mit lungengängigen Partikeln und Nikotin.

Die schädigenden Auswirkungen des Passivrauchs wurden lange von der Tabakindustrie verharmlost und wissenschaftliche Erkenntnisse wurden manipuliert. Ein typisches Beispiel dazu ist die »Rylander-Affäre« von 2003, die eine Unterwanderung der Wissenschaft durch die Tabakindustrie aufzeigte und eindrücklich im Buch »Vernebelung - Wie die Tabakindustrie die Wissenschaft kauft« dargestellt wird.

»Die Journalisten Sophie Malka und Marco Gregori beleuchten in diesem Buch die Hintergründe eines berühmt gewordenen Falles von Wissenschaftsbetrug. So kollaborierte Ragnar Rylander, Professor der Medizin an den Universitäten Göteborg und Genf, während über 30 Jahren mit Philip Morris. Er organisierte pseudowissenschaftliche Symposien und publizierte Studien, welche die Schädlichkeit insbesondere des Passivrauchens leugneten. Die Autoren zeigen, wie die Rylander-Affäre schließlich aufflog und die höchsten juristischen Instanzen beschäftigte: ein Skandal, aber nur die Spitze des Eisbergs« (Umschlagtext »Vernebelung – Wie die Tabakindustrie die Wissenschaft kauft« Malka und Gregori 2008).

Merke: Passivrauch ist ebenso wie Tabakrauch gesundheitsschädigend und trägt ebenso durch die Folgen des Tabakkonsums zur Krankheitslast der Bevölkerung bei.

1.4 Technologische Aspekte

Die in kurzer Zeit immer komplexer werdende Thematik der elektronischen Zigaretten, des »Dampfens« und anderer, moderne Technologie einsetzender Applikationsmethoden ist beachtlich. Daher wird dieses Zukunftsthema hier kursorisch und orientierend angesprochen.

In den nächsten Jahren werden weitere Fortschritte in der Angebotspalette, in den gesundheitspolitischen Regelungen, aber auch in den wissenschaftlichen Erkenntnissen über die Schädigungsmuster (und gegebenenfalls über den potenziellen Nutzen) deutlich werden.

Der technische Fortschritt bringt einige Änderungen mit sich. Zum einen erweitern sich die Arten, wie Tabak konsumiert werden kann, durch das Aufkommen von E-Zigaretten, E-Shishas, E-Pens und Vaporizern. Es entstehen durch den technologischen Fortschritt neue Möglichkeiten für die Vermarktung und den Vertrieb von Tabakgütern. Eine wichtige Rolle spielen dabei die sozialen Medien, auf denen die Tabakunternehmen selbst aktiv sind. Vor allem profitieren die Tabakunternehmen vom Einsatz von Influencerinnen und Influencern sowie vom Engagement normaler Social-Media-Nutzender. Sämtliche Tabakprodukte können zwischenzeitlich online bestellt werden.

E-Zigaretten und andere Produkte werden als »Einsteigerprodukte« vermarktet. In den letzten Jahren hat die Tabakindustrie (und andere nicht-Tabak-kommerzielle Akteure der Herstellung von E-Zigaretten) eine breite Palette von Produkten eingeführt. Die Mehrheit davon simuliert den Akt des Rauchens, während normalerweise Nikotin abgegeben wird.

Derzeit gibt es drei große Kategorien dieser Produkte:

1. Beheizte Tabakerzeugnisse (Heated Tobacco Products/HTPs) sind Tabakerzeugnisse, die Aerosole produzieren und Nikotin und giftige Chemikalien enthalten. Diese Aerosole werden von Benut-

zerinnen und Benutzern während des Saugprozesses aufgenommen (Beispiel: iQOS von Philip Morris International, Ploom TECH von Japan Tobacco International, Glo von British American Tobacco und PAX von PAX Labs). HTPs sind keine E-Zigaretten. HTPs erhitzen Tabak, um Nikotin zu erzeugen. E-Zigaretten erhitzen E-Flüssigkeit, die Nikotin enthalten kann oder nicht, und in den meisten Fällen enthalten diese keinen Tabak.
2. Elektronische Nikotinabgabesysteme (Electronic Nicotine Delivery Systems/ENDS), auch elektronische Zigaretten, E-Zigaretten, Vaping genannt, sind Geräte, in der eine Flüssigkeit erwärmt wird. Es entsteht ein Aerosol, das mit der Luft eingeatmet wird. Die Flüssigkeit enthält Nikotin (aber keinen Tabak) und andere Chemikalien, die für den Menschen giftig sein können.
3. Elektronische Abgabesysteme ohne Nikotin (Electronic Non-Nicotine Delivery Systems/ENNDS) sind ähnlich wie ENDS, aber die erhitzte Lösung enthält generell kein Nikotin. Diese Produkte werden proaktiv vermarktet oder gefördert als »sauberere« Alternativen zu herkömmlichen Zigaretten, als Rauchstopphilfen oder als Produkte mit »reduziertem Risiko«.

Einige dieser Produkte haben de facto niedrigere Emissionen als herkömmliche Zigaretten, sie sind aber nicht risikofrei, und die Auswirkungen auf Gesundheit und Mortalität sind noch weitgehend unbekannt. Es existieren keine unabhängig erforschten Belege zur Verwendung dieser Produkte bei Interventionen zur Tabakentwöhnung.
Es bleibt letztlich Unsicherheit im Zusammenhang mit der potenziellen Toxizität von ENDS, obwohl diese einigen Rauchenden geholfen haben, mit dem herkömmlichen Rauchen aufzuhören unter bestimmten Bedingungen. Der wissenschaftliche Beweis ist nicht schlüssig, und es gibt nur eine begrenzte Anzahl von randomisierten Kontrollversuchen und Längsschnittstudien. Die Untersuchung der Rolle von ENDS als angebotene Entzugshilfe und die entsprechenden Schlussfolgerungen sind nicht eindeutig. Mögliche Fehlinformationen durch die Tabakindustrie über E-Zigaretten sind eine gegenwärtige und

reale Bedrohung. Angesichts der Knappheit und geringen Qualität der wissenschaftlichen Beweise ist es noch unklar laut der WHO (2020), den Einsatz der E-Zigarette als Methode zum Rauchstopp zu empfehlen.

1.5 Typische Fälle

Jugendlicher
Der 16-jährige Ma. raucht seit seinem 11. Lebensjahr. Die sehr natur- und ernährungsbewusst lebenden Eltern (vegan, Lehrerin und Richter) haben neben Ma. noch den drei Jahre älteren Tobias und die fünf Jahre jüngere Katharina als Kinder. Ma., der sich wegen seiner Impulsivität und Konzentrationsschwächen im Rahmen eines ADHS leicht langweilt, schließt sich dem wesentlich interessanteren Freundeskreis seines älteren Bruders an, probiert dort allerhand Risikoverhaltensweisen aus und gewinnt schnell ein starkes Selbstvertrauen, was ihn – ansonsten sozial etwas ungeschickt – von seinen Gleichaltrigen abhebt. Das Zigarettenrauchen vor allem beim Skaten oder beim »Rumhängen« gehört für einige in der Gruppe dazu, das Kiffen ist bei Älteren beliebt. Ma. stellt schnell fest, dass er im Gegensatz zu anderen Jugendlichen die Zigaretten sehr gut »verträgt«, auch sehr schnell eine stark anflutende Wirkung hat, die aber ebenso schnell wieder verschwindet. Während sich andere aus der Gruppe die Zigaretten einteilen, hat Ma. ständig Zigarettenmangel, versucht diese bei anderen zu erhalten oder sich diese anderweitig zu erschleichen. Die Beschaffung, Lagerung, das Verstecken und das heimliche oder offene Rauchen wird zu einem bestimmenden Lebensthema. Ma. entdeckt, dass er seine plötzlichen Stimmungsschwankungen, seine Kränkungen und Enttäuschungen (die er als solche so nicht benennen kann) mit der schnell verfügbaren Zigarette sehr kurzfristig steuern und ungeschehen machen kann.

Der Einfluss der Eltern ist und bleibt gering, ihr Vorbildcharakter interessiert Ma. eher wenig, dafür sind die Wirkung und die unangenehmen Entzugserscheinungen zu bedeutend geworden. Auch als der Bruder sich aus dem Freundeskreis verabschiedet und keine Substanzen mehr zu sich nimmt, verbleibt Ma. bei der älteren Gruppe und hat, nachdem er einmal sitzen geblieben ist und die Schule für ihn weiterhin sehr langweilig ist, umso mehr Zeit. Während des Gamens, bei dem er schnelle Reaktionsspiele mit hohem Aggressionsinhalt bevorzugt und weniger Strategiespiele, wird er faktisch zum Kettenraucher. Die Aussage einiger Klassenkameradinnen, die den an sich sehr sportlichen und attraktiven Ma. näher kennenlernen wollen, er »stinke immer nach Rauch und Nikotin«, bestärkt ihn in seiner Einschätzung der beschränkten Einsichtsfähigkeit von Mädchen seines Alters. Zur Volljährigkeit hin verbittet er sich von seiner Umgebung jegliche Einflussnahme auf sein Rauchverhalten.

Aufhörwilliger Raucher
Ein 76-jähriger Patient befindet sich nach einer Lungenentzündung in der Rehabilitation und nimmt an den Gesprächen der Nikotinberatung teil.

Er schwört sich: »Jetzt ist fertig mit Rauchen!« Seine Frau und er, sie brauchen sich, sie ergänzen einander, und im Alter sei das umso wichtiger. Seine Frau habe schon Unfälle mit dem Rücken gehabt, und sie müssten einander helfen. Ihm ist es wichtig, ihr bei den Haushaltsarbeiten wie Staubsaugen zu helfen. Vorher habe man das gar nicht so bemerkt – erst jetzt, als er die akute Lungenentzündung hatte, sei es das Erste gewesen, das ihm in den Sinn gekommen war.

Herr B. erlebte seinen Zustand als lebensbedrohlich. Er erfuhr einen schweren Atemnotanfall zu Hause und musste mit dem Krankenwagen ins Spital gebracht werden. Er erinnert sich an die Intensivstation und wie schwer er es dort hatte. Auf der einen Seite konnte Herr B. nicht auf der Intensivstation rauchen durch seinen schlechten Allgemeinzustand, gleichzeitig entstand der Entschluss, mit dem Rauchen aufzuhören.

1 Einleitung

Auf die Frage, was es gebraucht habe, dass er sagt: »Ich will rauchfrei bleiben!«, sagt er, die Lungenentzündung sei sein Aha-Erlebnis gewesen. Herr B. hatte vor dem Ereignis schon mehrere Aufhörversuche – mal eine Woche oder tageweise. Er habe es öfter probiert, aber dieses Mal habe es »Klick« gemacht.

Es sei nicht nur ein Husten gewesen, sondern eine schwere Erkrankung. Herr B. ist der Meinung, wenn man so lange rauche, brauche es einen Schock, etwas, das einem »auf den Deckel haut«; seine längsten Rauchstoppversuche in der Vergangenheit dauerten längstens 14 Tage, und dann begann es wieder mit »Ich probiere mal eine«, und dann kam wieder die nächste oder zweite. Er ist überzeugt, dass er diesen Schockmoment der heftigen Lungenentzündung gebraucht hat.

Nach fünf Wochen »rauchfrei« geht es ihm nach eigenen Äußerungen gut. Am Abend kommen noch die Momente: »Jetzt könnte ich auf den Balkon raus und eine rauchen«, aber dieser Moment sei sehr schnell vorbei. Die Ablenkung sei für ihn in der Reha nicht schwer, er habe seine Therapien, gehe wandern, und es sei immer irgendetwas. Er wolle versuchen, sich auch zu Hause mehr zu bewegen. Sie wohnten in Waldnähe, auch mit einer Anhöhe, das sei auch eine gute Therapie. Er könne verschiedene Distanzen machen.

Er will nun das, was er in den Therapien in der Reha gelernt hat, auch zu Hause anwenden.

Für Herrn B. sind die Gründe, rauchfrei zu bleiben, sehr wichtig: seine Lebensqualität, das gemeinsame Leben mit seiner Frau.

Aufhörwillige Raucherin
Eine 55-jährige depressive Patientin, die während ihres stationären Aufenthalts in der Psychosomatik mit Unterstützung der Nikotinberatung ihren Zigarettenkonsum reduziert, bezeichnet sich als leidenschaftliche Raucherin. Sie würde gern rauchen und bewundere die Leute, die von einem Tag auf den anderen mit dem Rauchen aufhören. Sie weiß, dass das für sie nicht stimmen würde. Sie brauche das Bewusstsein, das sei für sie die Grundlage, ihr Verhalten zu ändern.

Die erste Zigarette rauchte sie zu Hause nach dem Aufstehen, jetzt in der Klinik würde erst der Kaffee kommen ohne die Zigarette.

Sie habe den Zigarettenkonsum reduziert, indem sie verschiedene Zigaretten ausgelassen habe, und das sei gegangen. Das Rauchverhalten zu verändern, sei aufgrund ihrer Gesundheit wichtig für sie; sie habe Glück gehabt mit ihrer Diagnose, nachdem die Lunge untersucht worden war. Der Befund sei nicht so schlimm gewesen wie vermutet. Das habe ihr wieder Motivation gegeben, um erneut einen Rauchstoppversuch zu starten. Sie möchte rauchfrei sein, nicht mehr stinken, nicht krank sein, sie möchte mehr Geld haben und nicht abhängig sein. Das »Dranbleiben« im Prozess wäre für sie also sehr wichtig.

Sie hat begonnen, das Freizeitprogramm umzustellen – mit mehr Sport und Kontakten zu Leuten, die nicht rauchen. Sie ist überzeugt, dass sich ihr Vorhaben – je mehr sie sich mit dem Thema beschäftigt, auch vor dem Einschlafen, indem sie sich ihre Gründe für den Rauchstopp bewusst macht – immer mehr im »Hirn festsetzt« und dieser Weg über das weniger Rauchen auch ein Teil ist, um ganz aufzuhören.

Diese Patientin betreut zu Hause ihren pflegebedürftigen Ehemann und erlebt den Klinikaufenthalt als Entlastung. Sie erfährt erstmalig seit langem von allen Seiten Unterstützung und dass sie für sich selbst etwas tun kann. Die Gespräche in der Nikotinberatung erlebt sie als Unterstützung, ihren individuellen persönlichen Weg im Aufhörprozess zu gehen, und als Wertschätzung, in einem ersten Schritt ihren Zigarettenkonsum zu reduzieren.

Chronifizierter Fall

Der unterdessen 72-jährige Patient hatte erstmals mit 58 Jahren Kontakt mit dem Lungenspezialisten. Zuvor hatte er 56-jährig ein Polytrauma, wovon er sich nie richtig erholt hat. Dies führte zu einer Gewichtszunahme bis zu einem BMI von knapp 40 kg/m². Das Übergewicht zusammen mit dem Zigarettenkonsum von 80 *pack years*, (Anzahl Packungen pro Tag × Jahre des Konsums) führte zu einer derartigen Atemnot, dass er sich beim Pneumologen meldete.

Nebst einer chronisch-obstruktiven Pneumopathie wurde ein obstruktives Schlafapnoesyndrom diagnostiziert. Sein Leidensdruck bestand vor allem in der Atemnot und der Müdigkeit, wobei beides zu einer stark eingeschränkten körperlichen Leistungsfähigkeit führte. Während die Therapie des Schlafapnoesyndroms mittels einer Maskenüberdrucktherapie gut gelingen konnte, erwies sich die Behandlung der COPD als schwer. Vor allem konnte er sich nicht dazu durchringen, den Zigarettenkonsum zu stoppen. Seit seiner Krankschreibung im Rahmen des Polytraumas ist sein Alltag von Langeweile, Herumsitzen und Zigarettenrauchen geprägt. Sein Gesundheitszustand verschlechterte sich zusehends. Dies führte auch zu einem sozialen Rückzug und zunehmend depressiven Gedanken. Die Zigaretten waren sein Strohhalm.

Im Rahmen einer stationären pulmonalen Rehabilitation konnte eine intensive Patientenschulung, ein Coaching, durchgeführt werden, sodass unter Zuhilfenahme der entsprechenden Inhalationsmedikamente die Lungenfunktion des Patienten von etwa 33 % auf gut 50 % anstieg. Trotz wiederholtem und klarem Insistieren, das Rauchen stoppen zu müssen, konnte er sich mit diesem Gedanken nicht anfreunden. Sowohl die Nikotinberatung als auch Nikotinersatzprodukte oder eine andere medikamentöse Therapie wurden strikt und konsequent abgelehnt. Aufgrund der schweren Lungenerkrankung musste er bereits 58-jährig eine Heimsauerstofftherapie akzeptieren und umsetzen.

Aus Angst vor der Konfrontation entzog er sich in den kommenden Jahren den ärztlichen Kontrollen, befolgte die medikamentöse Therapie nicht konsequent und führte den Rauchkonsum unverändert weiter.

13 Jahre später war die Atemnot derart immobilisierend, dass er nicht um eine Hospitalisation herumkam. Zu diesem Zeitpunkt betrug seine Lungenfunktion noch knapp 15 % des Sollwerts, und er war nahezu nur noch vom Bett in den Stuhl mobilisierbar. Die weiteren Untersuchungen ergaben nebst der schweren COPD auch eine Herzkrankheit, eine Nierenkrankheit sowie eine Angststörung. Glaubhaft und mit Laborresultaten objektiv dokumentiert,

war er zu diesem Zeitpunkt rauchfrei. Erst eine Verbrennung im Gesicht demaskierte den persistierenden Zigarettenkonsum. Die Ursache für die normalen Laborbefunde fand sich darin, dass er durch die fehlende Mobilität nicht mehr in die Raucherzonen gehen konnte. Mit zunehmender Erholung gelang ihm dies wieder, und er begann von Neuem zu rauchen. Auch zu diesem Zeitpunkt stellte er für sich ganz klar fest, dass er nicht an einem Rauchstopp interessiert sei. Er wünsche, dies nicht weiter zu thematisieren.

2

Epidemiologie

Laut WHO (1997) werden weltweit bis zum Jahre 2025 etwa 10 Millionen Menschen an den Folgen des Tabakkonsums sterben. Insbesondere in den Entwicklungsländern wird in den nächsten Jahren ein Anstieg zu erwarten sein.

In Europa werden steigende Raucherprävalenzen bei Frauen mehr im Norden als im Süden festgestellt, in Asien ist dagegen ein starker Anstieg bei den Männern zu verzeichnen.

Ab dem 55. Lebensjahr sinkt die Raucherquote deutlich. Es ist unter anderem auf die erhöhte Mortalität und Morbidität nach langjährigem Tabakkonsum zurückzuführen. Die mittlere Lebenserwartung einer rauchenden Person ist im Durchschnitt um rund zehn Jahre reduziert (Doll et al. 2004). An einer Studie mit rund 35.000 Ärztinnen und Ärzten, die prospektiv über viele Jahre untersucht wurden, zeigte sich, dass etwa 81 % der Nichtrauchenden das 70. Lebensjahr erreichen, jedoch nur 58 % der regelmäßigen Zigarettenrauchenden.

Schätzungen zufolge sind z. B. in Deutschland 4,4 Millionen der 18- bis 64-Jährigen abhängig von Tabak (Atzendorf et al. 2019).

In Deutschland wurde untersucht, wie stark sich das Rauchverhalten von Erwachsenen in verschiedenen Lebensphasen nach dem sozialen Status unterscheidet. Männer und Frauen mit niedrigem gegenüber jenen mit hohem Sozialstatus fangen häufiger mit dem Rauchen an und hören seltener wieder auf. Kinder aus sozial benachteiligten Familien haben häufiger Eltern, Geschwister und Freunde, die rauchen, und sind häufiger Passivrauchbelastungen ausgesetzt als Gleichaltrige aus sozial besser gestellten Familien. Dies könnte erklären, warum bereits im Jugendalter der Anteil derer, die regelmäßig oder täglich rauchen, bei Jungen und Mädchen mit niedrigem Sozialstatus am größten ist. Da Raucher aus den höheren Statusgruppen im Durchschnitt sowohl seltener als auch weniger rauchen, könnte es ihnen aufgrund des geringeren Suchtpotenzials ihres Konsums leichter fallen, dauerhaft mit dem Rauchen aufzuhören (Kuntz et al. 2016).

Laut der Studie »Special Eurobarometer 458« der europäischen Kommission im Jahr 2014 wurde ein Raucheranteil von 20 % ermittelt in allen außer 6 von 28 Mitgliedsstaaten. Dieser Anteil bezieht sich auf in der Europäischen Union lebende Personen ab 15 Jahren. Die höchste Rate ist in Griechenland (37 %), Bulgarien (36 %), Frankreich (36 %), Kroatien (35 %). Die niedrigste Rate ist in Schweden (7 %), im Vereinigten Königreich (17 %). Es muss jedoch erwähnt werden, dass in Schweden 23 % der Befragten in den letzten sechs Monaten orale Tabakprodukte zu sich nahmen (Special Eurobarometer 458, 2017, S. 8).

»In der Europäischen Union möchte mehr als die Hälfte der Rauchenden mit dem Rauchen aufhören | Über die Hälfte der aktuell Rauchenden in der Europäischen Union hat mindestens einmal versucht, mit dem Rauchen aufzuhören, wobei große Unterschiede zwischen den Ländern bestehen. Der Anteil der Rauchenden, die innerhalb des letzten Jahres versucht haben, mit dem Rauchen auf-

2 Epidemiologie

zuhören, ist allerdings zwischen 2014 und 2017 von 19 auf 15 % gesunken. Die meisten Rauchenden versuchen oder schaffen den Rauchstopp in jungem oder mittlerem Alter« (Tabakatlas Deutschland 2020, S. 130).

In der Schweiz rauchten im Jahr 2017 27,1 % der Bevölkerung. Es rauchten mehr Männer als Frauen. 19,1 % der Schweizer Bevölkerung rauchen täglich, 8,0 % sind Gelegenheitsrauchende. (BFS 2020).

Merke: Der Tabakkonsum ist die größte vermeidbare Todesursache in der Weltbevölkerung. Die Lebenserwartung von Raucherinnen und Raucher ist um durchschnittlich zehn Jahre reduziert. Langjähriges schädliches Tabakkonsumverhalten erhöht die Mortalität und Morbidität.

3

Stoffspezifika

Die Mehrheit der Menschen, die Tabak konsumieren, raucht Zigaretten.

Sie werden aus den fermentierten, getrockneten und fein geschnittenen Blättern der Tabakpflanze hergestellt. Zum überwiegenden Teil werden heute industriell hergestellte Zigaretten verkauft, aber vor allem jüngere Generationen kaufen zunehmend auch billigeren losen Tabak, um ihn selber zu Zigaretten zu rollen.

Der Rauch einer Zigarette enthält zwischen 0,1 und 1,9 mg Nikotin, wenn dies standardisiert gemessen wird. Rauchende regeln die Menge des aufgenommenen Nikotins aus dem Zigarettenrauch primär über ihre Inhalationstechnik. Neben Nikotin enthält der Tabakrauch etwa 4.000 weitere Substanzen, von denen etliche als karzinogen oder anderweitig gesundheitsschädlich gelten. Polyzyklische aromatische

3 Stoffspezifika

Kohlenwasserstoffe, heterozyklische Kohlenwasserstoffe, verschiedene organische Verbindungen, Aldehyde, Schwermetalle, Blausäure, Ammoniak und Benzol gehören dazu. Auch im Rahmen des Verbrennungsprozesses entstehen neue, teilweise unbekannte Substanzen.

Nikotin gehört zur Gruppe der narkotisch wirkenden Drogen. Die absolut tödliche Menge dieses – wie der Chemiker sagt – »pyridinen Alkaloids« Nikotin beträgt nur etwa 50 mg; das ist tatsächlich etwa so viel Nikotin, wie Gewohnheitsrauchende über den Tag verteilt verbrennen und verschwelen, tatsächlich aber nicht vollständig resorbieren.

Gewohnheitsraucherinnen und -raucher überleben jedoch die Aufnahme tödlicher Nikotinmengen in ihre Lunge trotzdem. Denn wenn der Rauch von zwölf Zigaretten z. B. 19 mg Nikotin enthält, so heißt das nicht, dass diese Gesamtmenge von der Lunge sofort ins Blut aufgenommen wird. Die Aufnahme des Nervengifts in den Körper (Intoxikation) hängt von der Methode des Tabakgebrauchs ab (Rauchen, Kauen, Schnupfen), der Inhalationstiefe und -dauer, der Stummellänge und vielen anderen Faktoren. Schon beim Verschwelen des Tabaks werden etwa zwei Drittel der Nikotinmenge im Tabak vernichtet – nur ein Drittel geht in den Rauch über. In der Folge gelangt dann beim Aktiv- und Passivrauchen nur ein Bruchteil der mit dem Rauch eingeatmeten Nikotinmenge über die Mundschleimhäute (5 %) und die Lunge (die restlichen 95 %) in den Blutkreislauf.

Dort verlangsamt es anfänglich den Puls und sorgt nach dem nun beginnenden Blutdruckabfall – je nach Art und Menge weiterer Nikotinzufuhr – für eine Erhöhung der Pulsfrequenz, eine Steigerung der Darmbewegungen, ein Versiegen der Drüsenabscheidungen im Körper und eine – schneller erkennbare – Pupillenverengung im Auge mit Akkomodationskrampf. Später tritt dann eine Pupillenerweiterung ein (durch Lähmung des Augenmuskels), bei höherer Dosierung (Nikotinaufnahme ins Blut) schließlich eine tendenzielle, lokale und am Ende gar lebensbedrohliche Lähmung aller Muskeln inklusive des Herzens (tödlicher Kreislaufkollaps ab ca. 50 mg).

Die Bronchitis erzeugende Wirkung des Tabakrauchs wird den Phenol- und Säureanteilen im Tabakrauch sowie den Carbonylverbindungen zugeschrieben (Alkanale und Alkanone), zusätzlich unterdrücken Blausäure und Acrolein die Regeneration und Selbstreinigung der Flimmerhärchen (Flimmerepithel) im Atemtrakt sowie die Bildung der weißen Blutkörperchen (Leukozyten). Im Vergleich zu Nichtrauchenden weisen die Organismen von Raucherinnen und Rauchern ein geringeres Körpergewicht und einen erhöhten Grundumsatz auf, was auf eine erhöhte Enzymaktivität schließen lässt (Chemie.de 2020).

Zudem werden dem Tabak gezielt Zusatzstoffe beigemengt wie z. B. Menthol, Kakaoinhalte, Lakritzgeschmack etc., die den Geschmack und die Verträglichkeit des Tabakprodukts verändern. Rauchende erleben dieses dann als angenehmer oder schmackhafter. Ein Nebeneffekt kann eine höhere Nikotinaufnahme sein.

Die im Tabakrauch enthaltenen Reizpartikel beeinträchtigen die Selbstreinigung der Atemwege.

3.1 Zigarre und Tabakpfeife

Eine Zigarre besteht aus einer Einlage aus getrockneten und fermentierten Tabakblättern, die von einem Umblatt umschlossen werden. In der Regel wird kein Filter verwendet. Zigarillos sind sehr dünne und kurze Zigarren. Da der Geschmack, bedingt durch den kleinen Durchmesser, relativ scharf ist, werden oft besonders milde (oder wenig aromatische) Tabake verwendet. Zigarillos sind mit und ohne Filter im Handel erhältlich.

Die Tabakpfeife ist ein Rauchinstrument, bei dem der Tabak in einer Brennkammer verglimmt und der dabei entstehende Rauch durch ein Mundstück abgegeben wird. Dabei wird kein Filter verwendet.

Der Nikotingehalt von Zigarillos ist im Schnitt höher als bei einer Zigarette, derjenige von Zigarren gar um ein Vielfaches. Der Nikotingehalt einer Pfeife ist je nach Tabakmenge individuell verschieden.

Der Rauch von Zigarren und Pfeifen wird in der Regel nicht inhaliert, so erfolgt die Nikotinaufnahme durch die Mundschleimhäute und damit weniger schnell als bei einer Zigarette. Allerdings wird mit der Zeit dasselbe Nikotinniveau erreicht. Zigarillos hingegen werden oft inhaliert, womit das Nikotin schneller aufgenommen wird (Sucht Schweiz 2018).

3.2 Shisha

Eine Shisha ist eine Wasserpfeife arabischen Ursprungs. In der Shisha wird meist Tabak mit Fruchtaroma geraucht. Der Rauch wird zunächst durch ein mit Wasser gefülltes Gefäß gesogen. Dadurch wird der Rauch gekühlt, wobei aber Schwebstoffe sowie wasserlösliche Bestandteile offenbar kaum herausgefiltert werden (Sucht Schweiz 2018).

3.3 Pharmakokinetik

»Eine Zigarette enthält bis zu 13 mg Nikotin, wovon beim Rauchen rund ein bis zwei Milligramm pro Zigarette aufgenommen werden. Beim Rauchen von 20 Zigaretten pro Tag nimmt ein Raucher insgesamt rund 20 bis 40 mg Nikotin auf. Das Nikotin ist die pharmakologisch wirksame Substanz im Tabak, die im Körper vielfältige Wirkungen hat« (Deutsches Krebsforschungszentrum 2008, S. 1).

»Im Gegensatz zur Aufnahme von Zigarettennikotin wird das aus galenischen Präparaten verfügbare Nikotin abhängig von der Zubereitungsform sehr viel langsamer und zu einem geringeren Anteil freigesetzt, was letztlich auch der Grund dafür ist, dass diese

Präparate keine Abhängigkeit erzeugen« (Haustein und Gronenberg 2008. o. S.).

Die Abbauprodukte des Nikotins sind Nikotin-N-Oxid, Nor-Nikotin und Cotinin, das überwiegend über die Nieren ausgeschieden wird (S3-Leitlinie Rauchen und Tabakabhängigkeit: Screening, Diagnostik und Behandlung – AWMF 2021, S. 30).

4

Substanz- und Verhaltenswirkungen

4.1 Verhaltenscharakteristika von Nikotingebrauch und Tabakabhängigkeit

Das Rauchverlangen kann durch verschiedene Situationen ausgelöst werden. Der Griff zur Zigarette ist automatisiert durch klassische Konditionierungsmechanismen wie die »typische Zigarette« nach dem Essen oder zum Kaffee. Auch emotionale Zustände können den Griff zur Zigarette auslösen. Durch den gleichen Ablauf des Rauchens und angenehme Effekte, u. a. der Wirkungen des Nikotins, automatisiert sich das Verhalten. Schon das Bild einer Zigarette in einer Werbung kann durch die verzerrte Aufmerksamkeit letztlich den Griff zur Zigarette auslösen.

4.2 Substanzwirkungen auf die Organe

4.2.1 Neurobiologie

Nikotin gelangt nach Inhalation innerhalb weniger Sekunden in der Lunge zusammen mit dem sauerstoffangereicherten (oxygenierten) Blut direkt in das Zentralnervensystem und wirkt dort auf Neuronen durch eine Stimulation sogenannter nikotinerger Acetylcholinrezeptoren. Es ähnelt aufgrund einer ähnlichen Ladungsverteilung innerhalb des Moleküls dem körpereigenen Neurotransmitter Acetylcholin an dessen spezifischem nikotinergem Rezeptor. Die »Alpha 4/Beta 2«-Rezeptoren zeigen die höchste Nikotinaffinität. Sie finden sich gehäuft im mesolimbischen dopaminergen System (Teil des Belohnungssystems). Diese Rezeptoren auf den dopaminergen Neuronen im Bereich des Nucleus accumbens steuern die dopaminerge Aktivität, die mit der als angenehm wahrgenommenen Wirkung des Nikotins (antidepressive und anxiolytische Wirkung, Appetitreduktion, scheinbare Förderung der Konzentration, Besserung der Wachsamkeit) verbunden ist.

4.2.2 Allgemeine Wirkungen

Tabak und Tabakrauch enthalten zahlreiche organische und nicht organische Stoffe. Ein großer Teil dieser ist zytotoxisch oder karzinogen. Dabei führen reaktive Bestandteile im Tabakrauch zu einer Interaktion mit verschiedenen Körperbausteinen, beispielsweise Fetten und Eiweiß, um ein paar wenige zu nennen. Dies kann bis hin zu Schäden an der DNA führen. Im Weiteren werden physiologische Botenstoffe verändert, sodass Fehlfunktionen bei der Regulierung diverser körperlicher Vorgänge resultieren.

All dies führt zu Zelluntergang, entzündlichen Veränderungen oder Genmutationen als initiale Veränderungen für Folgekrankheiten. So konnten diverse Krankheiten von verschiedenen Organsystemen mit dem Tabakkonsum in Verbindung gebracht werden: Nebst den allseits bekannten wie Lunge und Herz sind dies im Speziellen Gastrointestinaltrakt, Knochen, Haut und Wachstum, Urogenitaltrakt wie auch das zentrale Nervensystem (Liste nicht abschließend).

4.2.3 Lungensystem

Krankheiten der Lunge gehören zweifelsohne zu den häufigsten Gründen für Tod oder Leid (Einschränkung der Lebensqualität) als Folge des Tabakkonsums. Dabei sind die chronisch obstruktive Lungenerkrankung (COPD) und der Lungenkrebs die häufigsten Krankheitsbilder. Gemäß der WHO (2014) nehmen die Fälle von Lungenkrebs stark zu, wobei 2012 von rund 14 Millionen Fällen weltweit jährlich ausgegangen wurde, wovon rund 1,6 Millionen Tote alleine durch Lungenkrebs anzunehmen sind. Aufgrund unterschiedlicher Definitionen und unterschiedlicher Studienprotokolle sowie einer großen Anzahl nicht erkannter, leichter Fälle sind die Prävalenzdaten bei der COPD sehr unterschiedlich. Schätzungen gehen von 10 % COPD-Erkrankten in Bezug auf die Gesamtbevölkerung aus.

Die Krankheiten resultieren durch Schäden der Oberflächenepithelien, was im Falle der COPD zu einem entzündlichen Prozess führt, wonach die kleinen Atemwege wie auch das Lungenparenchym zerstört werden. Die Folge sind eine Obstruktion der Bronchien bei zugleich auch vermehrter Schleimbildung (Bronchitis) und eine Zerstörung des Lungengewebes (Lungenemphysem). Diese Entwicklung geht sehr langsam vor sich, sodass die unspezifischen Symptome wie Husten und Atemnot zunächst häufig nicht auf eine rauchassoziierte Erkrankung zurückgeführt werden. Ist der Schaden aber einmal gesetzt, so weist das C (chronisch) im Begriff COPD auf die Irreversibilität hin.

Weitere Krankheiten wie eine interstitielle (bindegewebige) Lungenerkrankung, eine erhöhte Infektanfälligkeit oder eine Verschlechterung einer bestehenden Lungenerkrankung wie beispielsweise Asthma bronchiale sind ebenso bekannte Auswirkungen des Rauchkonsums. Offensichtlich zählt das Asthma bronchiale, das an sich eine chronische Erkrankung darstellt, zu jenen Lungenerkrankungen, die durch einen Rauchstopp positiv beeinflusst werden können (bessere Kontrolle des Asthmas bronchiale). Ebenso gibt es Lungengerüsterkrankungen (interstitielle Pneumopathien), die sich durch einen Rauchstopp vollständig normalisieren können. Dies stellt aber zweifelsohne eine Ausnahme dar. Zusammenfassend kann festgehalten werden, dass das Tabakrauchen zu einer großen Morbidität und Mortalität infolge von Lungenkrankheiten führt.

4.2.4 Herz und Gefäße

Gerade angesichts der kardiovaskulären Erkrankungen stellt das Rauchen einen der Krankheitsursachen dar, die am besten vorbeugend angegangen werden können. So ist der Rauchstopp hierbei eine der effektivsten Maßnahmen. Nebst der Primärprävention haben aber auch die Sekundär- und tertiäre Prävention einen großen Stellenwert.

Das kardiovaskuläre System zeichnet sich dadurch aus, dass die Effekte des Rauchens innerhalb von Minuten beispielsweise an den Blutgefäßen manifest werden (Vasokonstriktion, Anstieg des Blutdrucks, Minderdurchblutung der Peripherie). Die Mechanismen, wie der Tabakrauch das kardiovaskuläre System schädigt, sind vielfältig:

- endotheliale Dysfunktion der kleinen Lungenkapillaren
- Aktivierung der Thrombozyten/Gerinnungsstörungen
- Versteifung der Arterien
- Dyslipidämie/Fettstoffwechselstörungen

4 Substanz- und Verhaltenswirkungen

* entzündliche Vorgänge
* oxidativer Stress
* hämodynamische Effekte auf den Blutfluss

Mit diesen Vorgängen kann das gesamte Herz-Kreislauf-System in Mitleidenschaft gebracht werden: Klassischerweise sind hier die Herzkranzgefäße zu nennen (koronare Herzkrankheit), ebenso die hirnzuführenden Gefäße (zerebrovaskuläre Erkrankungen), aber auch die periphere arterielle Verschlusskrankheit. Zur Letzteren zählt auch die Veränderung der Aorta bis hin zu Gefäßmissbildungen wie sogenannte Aneurysmen, was häufig Folge der Schäden an den Gefäßwänden ist. Wie bei den Lungenerkrankungen führen auch die kardiovaskulären Erkrankungen einerseits zu Todesfällen und andererseits zu chronischen Erkrankungen wie Herzinfarkt, Hirninfarkt mit in der Folge eingeschränkter Herz- und/oder Hirnleistungsfähigkeit. Dies führt zu einer großen individuellen/gesundheitlichen, aber auch gesellschaftlichen und ökonomischen Belastung.

4.2.5 Haut

Im Factsheet »Rauchen und Hautschäden« 2008 des Deutsches Krebsforschungszentrum werden nachfolgende Hautschädigungen aufgeführt.

Rauchen lässt die Haut vorzeitig altern, bei Frauen mehr als bei Männern. So ist die Haut von Raucherinnen, die 20 Zigaretten pro Tag konsumieren, bereits im mittleren Lebensalter um 10 Jahre mehr gealtert als bei Nichtraucherinnen. Mehrere Prozesse sind verantwortlich für verstärkte Faltenbildung, die vor allem durch die zahlreichen freien Radikale im Tabakrauch beeinträchtigt werden.

Zusätzlich verengt das Nikotin die Blutgefäße, sodass auch die Haut unzureichend durchblutet wird. Zudem enthält die Oberhaut von Raucherinnen weniger Wasser als die von Nichtraucherinnen.

Damit eine Wunde gut verheilt, ist es notwendig, dass für die Neubildung von Kollagen, Blutgefäßen und Deckgewebe sowie für die

Infektabwehr optimale Bedingungen herrschen. Diese sind nur bei einer guten Durchblutung des Gewebes und einer ausreichenden Versorgung mit Sauerstoff gewährleistet.

Der Heilungsprozess verläuft bei rauchenden Personen vor allem deswegen schlechter, weil verschiedene Rauchbestandteile die Durchblutung der Gewebe verringern. Zusätzlich fördert Tabakrauch die Bildung winziger Blutgerinnsel, die die kleinen Blutgefäße verstopfen können. Das Nikotin verlangsamt außerdem die Vermehrung von Zellen, die zur Wundheilung notwendig sind. Um das Risiko für Wundheilungskomplikationen zu senken, sollten Tabakkonsumierende unbedingt rechtzeitig vor einer Operation mit dem Rauchen aufhören – und am besten danach überhaupt nicht wieder anfangen. Ein Rauchstopp 6 bis 8 Wochen vor einer Operation verbessert die Wundheilung.

Da die Haut als Grenze zwischen Körper und Umwelt zahlreichen Einflüssen von innen und außen ausgesetzt ist, kann sie an besonders vielen verschiedenen Krankheiten leiden. Mit dem Tabakrauch gelangen zahllose giftige Substanzen in den Körper, die auch die Gesundheit der Haut beeinträchtigen können. Daher haben Rauchende ein erhöhtes Risiko für verschiedene Hautkrankheiten. So leiden sie wesentlich häufiger als Nichtrauchende an Akne: 41 % der Rauchenden haben Akne, aber nur 25 % der Nichtrauchenden.

Dabei ist die Akne umso stärker, je mehr geraucht wird. Für eine besondere Form der Akne, die Akne inversa, ist das Rauchen sogar höchstwahrscheinlich ein entscheidender Auslöser. Auch an der Schuppenflechte (Psoriasis) erkranken Rauchende häufiger als Nichtrauchende.

Rauchen unterdrückt das Immunsystem und fördert die Entstehung von hochgradig bösartigem schwarzem Hautkrebs (malignes Melanom), von epithelialen Tumoren der Haut und der angrenzenden Schleimhäute sowie von Infektionen mit humanen Papillomaviren (HPV), die meist gutartig verlaufen und Warzen bilden; aber sie können auch Gebärmutterhalskrebs verursachen. Rauchen fördert die Entstehung verschiedener Hautkrankheiten, darunter auch die Entstehung bösartiger Tumore.

4.2.6 Parodontalerkrankungen

Die Folgen des Tabakkonsums auf die Mundschleimhaut oder auf das Parodont werden in der Bevölkerung unterschätzt (Al-Shammari et al. 2006). Raucherinnen und Raucher haben – je nachdem, wie viel sie rauchen – eine bis zu 15-mal so hohe Wahrscheinlichkeit, an Parodontitis zu erkranken, wie Nichtrauchende. Je mehr geraucht wird, umso größer ist die Gefahr, dass sich die Zähne lockern. Auf die Behandlung einer Parodontitis reagieren Rauchende deutlich schlechter als Nichtrauchende. Infolge der Parodontalerkrankung verlieren Rauchende häufiger als Nichtrauchende ihre Zähne. Rauchende haben auch häufiger Karies, wobei das Risiko, an Karies zu erkranken, umso höher ist, desto mehr Zigaretten geraucht werden – und desto mehr zerstörte Zähne haben sie und mehr Zähne mit Füllungen als Nichtrauchende.

4.2.7 Weitere Erkrankungen

Die Liste der mit dem Rauchen zusammenhängenden chronischen Krankheiten ist lang.

Krebserkrankungen stehen bei folgenden Organen im Zusammenhang mit dem Tabakkonsum: Lunge, Larynx, Oro- und Hypopharynx, Ösophagus, Magen, Leber, Pankreas, Kolon und Rektum, Niere und ableitende Harnwege (inklusive Harnblase), Uterus.

Nebst den erwähnten chronischen Lungen- und Herz-Kreislauf-Erkrankungen sind folgende chronische Krankheiten mit dem Rauchen assoziiert; um hiervon nur einige zu nennen: Katarakt, Makuladegeneration, Parodontitis, Osteoporose, Fertilitätsprobleme inklusive erektiler Dysfunktion, Diabetes mellitus, gestörtes Immunsystem, Magenulzera, rheumatoide Arthritis.

Nebst all den erwähnten langfristigen Auswirkungen sollen aber auch die kurzfristigen beachtet werden. Eine erhöhte Infektanfälligkeit wird oft nicht realisiert. So sind aktive Raucherinnen und Raucher einem größeren Risiko ausgesetzt, Erkältungen oder auch

Lungenentzündungen bis hin zur Tuberkulose zu erleiden. Unspezifische Veränderungen wie Störungen von Geschmacks- und Geruchssinn oder Wundheilungsstörungen werden ebenfalls kaum wahrgenommen. Ebenso bekannt sind vermehrte Komplikationen im Rahmen einer Operation/Allgemeinanästhesie.

4.2.8 COVID-19 und Rauchen

Man hat beobachtet, dass an COVID-19 erkrankte Raucherinnen und Raucher oft schwerwiegende Verläufe erleiden. Als schwerer Verlauf zählt bei COVID-19 eine doppelseitige Lungenentzündung, die Aufnahme in die Intensivstation, die Notwendigkeit eines Beatmungsgeräts oder eine ausbleibende Besserung nach 14 Tagen. Zusätzlich zum schlechteren Immunsystem haben viele Rauchende Vorschädigungen an der Lunge, aber auch an den Bronchien. COVID-19 greift vor allem die Lunge an. Bisherige Forschungen zeigen eindeutig, dass Menschen mit Vorerkrankungen zu den besonderen Risikogruppen gehören. Mit Blick auf die erhöhte Gefahr einer ernsten Erkrankung mit COVID-19 für Raucherinnen und Raucher hat die WHO eine neue Kampagne gegen die Nikotinsucht gestartet. Mit der Kampagne will die WHO möglichst vielen unter den weltweit etwa 1,3 Milliarden Raucherinnen und Rauchern Zugang zu Therapien und durch eine digitale Ansprechpartnerin namens Florence Rat und Hilfe geben.

> **Merke:** Rauchkonsum ist der führende Grund für frühzeitige Todesfälle und Krankheiten weltweit. Da sowohl das aktive Rauchen wie auch der Passivrauch zu Schäden führen, ist die Vermeidung einer derartigen Exposition der effektivste und effizienteste Weg, um Leid zu vermeiden.

5

Psychosoziale Aspekte

Je früher eine Person zu rauchen beginnt, umso höher ist das Risiko, tatsächlich abhängig zu werden. Experten schätzen, dass die Hälfte aller neuen männlichen jugendlichen Raucher für mindestens 16 Jahre raucht, während weibliche für mindestens 20 Jahre rauchen werden. Für das Verständnis von Entstehung, Aufrechterhaltung, Nikotinkonsum, Abhängigkeit sowie Planung von Interventionen kommt dem Alter der Betroffenen große Bedeutung zu.

Selbstverständlich sind im Jugendalter primär präventive Maßnahmen aktiver zu gestalten als im höheren Lebensalter, wenn es eher um sekundär oder tertiär präventive Ansätze geht. Dies heißt aber nicht, dass nicht auch bereits schon im Jugendalter Interventionen bei Frühabhängigen vonnöten sind. Es ist zu beachten, dass nach klinischer Erfahrung Menschen selten ab einem Alter von 20 oder

30 völlig neu mit dem Rauchen beginnen. Dies steht z. B. im Unterschied zu Schmerzmittel- oder Beruhigungsmittelabusus. So wird man in der Kindergarten- und Grundschulphase bereits primär präventive Ansätze treffen, die in den typischen Einstiegsaltern 13 bis 15 dann spezifischer und nachhaltiger werden müssen. Programme wie »Be smart, don't start« haben diesen Ansatz bereits im Titel.

Am anderen Ende des Lebensspektrums im höchsten Alter, vor allem bei erheblichen komorbiden Erkrankungen und geringem Nikotinkonsum, kann sich dann die auch ethisch anspruchsvolle gegenteilige Situation ergeben. Diese besteht darin, Patientinnen und Patienten, die aus anderen Gründen bereits eine reduzierte Lebensqualität haben und bei denen der Nikotinkonsum zwar Abhängigkeitscharakter hat, aber nicht stark erschwerend zur Pathologie beiträgt, das Rauchen zu gestatten. In beiden Altersextremen entscheidet die mündige, betroffene Person letztlich immer selbst, aber die Gestaltung von Rahmenbedingungen beispielsweise in Schulen, Ausbildungsstätten oder Altenheimen trägt im Sinne der Strukturprävention doch zur Eindämmung bestimmter Verhaltensweisen deutlich bei.

5.1 Genderaspekte/Geschlechtsunterschiede

In der medialen Laienliteratur tauchen die Themen der Geschlechterrollen-Spezifika, aber auch der Stereotype und Zuschreibungen regelmäßig auf, auch im Kontext mit Nikotinkonsum. Die säkularen langfristigen Trends sind hierbei oft beschrieben worden: eine gewisse Reduktion der Rauchintensität von Männern in den 1970er- und 1980er-Jahren, ein »Aufholen« der weiblichen Bevölkerung in den 1980er- bis 2000er-Jahren und heute insgesamt eine ausgeglichenere Konstellation.

Man mag dies bedauern oder begrüßen, die Unterschiede zwischen den Geschlechtern haben sich in diesem Bereich reduziert. Für das

Verständnis und die Interventionsplanung sind daher Geschlechterrollen und Geschlechterstereotype deutlich wichtiger geworden, und es macht insbesondere in der Prävention einen Unterschied, ob man Jungen und Männer oder Mädchen und Frauen erreichen will; dies gilt für Kommunikationsaspekte ebenso wie für bestimmte Gesundheitsbotschaften. Eine genderspezifische Präventionskommunikation ist noch nicht überall günstig umgesetzt, und auch manche Entwöhnungsprogramme und Nichtraucherschutzprogramme haben eher den mittelalten Mann im Fokus.

Ist die Nikotinabhängigkeit einmal eingetreten und fester Bestandteil des sozialen und individuellen Lebens, dann sind die biologischen Prozesse, die toxikologischen Prozesse und auch die Einflüsse auf das Belohnungs- und Motivationssystem sehr ähnlich.

5.2 Diversityaspekte

5.2.1 Schwangere

Rauchen stellt während der Schwangerschaft eines der wichtigsten vermeidbaren Risiken in der vorgeburtlichen Entwicklung dar und kann zu schweren gesundheitsschädigenden Auswirkungen bei Kind und Mutter führen (▶ Abb. 5.1). Belege dafür finden sich mehrfach in Studien.

Zum Beispiel kann eine Beeinträchtigung der Lungenfunktion der Kinder eine Folge des Rauchens der Mutter sein (Gilliand et al. 2000), ebenso der plötzliche Kindstod (Chong et al. 2004).

Nikotin führt bei der rauchenden Frau in der Schwangerschaft zu Hypertonie, Herzfrequenzerhöhung und Minderperfusion des Uterus mit dem ungeborenen Kind. Die Versorgung der Plazenta ist eingeschränkt (Coad und Dunstall 2007), Nikotin ist 15-fach höher konzentriert im Fruchtwasser. Das Kohlenmonoxid (CO) bindet sich ans Hämoglobin und blockiert es damit für den Sauerstofftransport.

Dies wiederum verursacht eine Sauerstoffunterversorgung des Fetus, was zahlreiche morphologische Veränderungen zur Folge hat (Haustein 2000). Jegliche Reduzierung, auch auf Nullkonsum (Rauchstopp), hat eine positive Wirkung und verringert proportional die rauchbedingte Gewichtsabnahme (Benjamin-Garner und Stotts 2013; Juarez und Merlot 2013; Krenz et al. 2011; Ting-Jung et al. 2013).

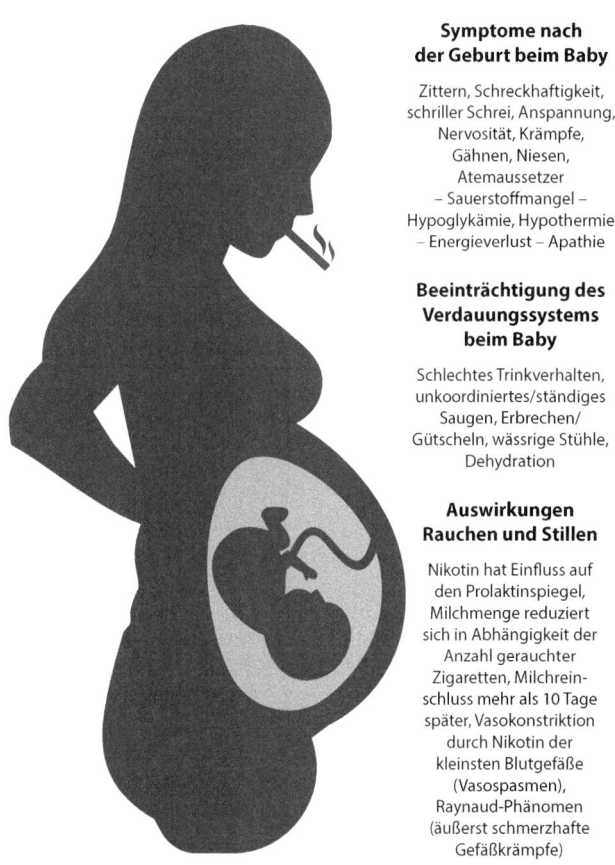

Symptome nach der Geburt beim Baby

Zittern, Schreckhaftigkeit, schriller Schrei, Anspannung, Nervosität, Krämpfe, Gähnen, Niesen, Atemaussetzer – Sauerstoffmangel – Hypoglykämie, Hypothermie – Energieverlust – Apathie

Beeinträchtigung des Verdauungssystems beim Baby

Schlechtes Trinkverhalten, unkoordiniertes/ständiges Saugen, Erbrechen/ Gütscheln, wässrige Stühle, Dehydration

Auswirkungen Rauchen und Stillen

Nikotin hat Einfluss auf den Prolaktinspiegel, Milchmenge reduziert sich in Abhängigkeit der Anzahl gerauchter Zigaretten, Milchreinschluss mehr als 10 Tage später, Vasokonstriktion durch Nikotin der kleinsten Blutgefäße (Vasospasmen), Raynaud-Phänomen (äußerst schmerzhafte Gefäßkrämpfe)

Abb. 5.1: Auswirkungen Tabakrauch in der Schwangerschaft

5 Psychosoziale Aspekte

Nach der Geburt kann Nikotin Auffälligkeiten beim Neugeborenen provozieren wie (Schwarz 2012, S. 181 ff.):

- Zittern, Schreckhaftigkeit, schriller Schrei, Anspannung,
- Nervosität, Krämpfe, Gähnen, Niesen
- Atemaussetzer – Sauerstoffmangel – Hypoglykämie
- Hypothermie – Energieverlust – Apathie

Das Verdauungssystem ist beeinträchtigt durch:

- schlechtes Trinkverhalten, unkoordiniertes/ständiges Saugen, Erbrechen/Gütscheln, wässrige Stühle, Dehydration

Auswirkungen des Rauchens aufs Stillen – die Milchmenge ist vermindert, weil:

- Nikotin Einfluss auf den Prolaktinspiegel hat,
- die Milchmenge sich in Abhängigkeit der Anzahl gerauchter Zigaretten reduziert,
- der Milcheinschuss mehr als zehn Tage später eintritt,
- eine Vasokonstriktion durch Nikotin der kleinsten Blutgefäße (Vasospasmen) vorliegt und
- das Raynaud-Phänomen auftritt mit äußerst schmerzhaften Gefäßkrämpfen.

Viele schwangere Frauen hören mit dem Rauchen auf oder reduzieren ihren Zigarettenkonsum, um ihre Kinder vor den gesundheitsschädigenden Risiken des Passivrauchens zu schützen. Etwa die Hälfte der Mütter beginnen allerdings innerhalb eines halben Jahres nach der Entbindung wieder mit dem Rauchen, nach einem Jahr sind es sogar 65 bis 85 %. Nach der Geburt und nach Beendigung des Stillens sinkt die Motivation, der Versuchung zu widerstehen. Zum Erhalt des Rauchstopps post partum braucht es Interventionen zur Prävention eines Rückfalls. Wichtiger Schutzfaktor vor einem Rückfall zum Rauchen post partum ist das Stillen. Frauen, die nach der Geburt länger stillen, erhalten den Rauchstopp signifikant länger als Frauen, die nicht stillen. Partner, die bis zwölf Monate post partum gleich viel rauchen wie vor der Schwangerschaft, sind ein signifikanter Risikofaktor für einen Rückfall der Frauen.

Raucht der Partner der Frauen, so stellt dies auch einen Risikofaktor dar, während der Schwangerschaft passiv und aktiv zu rauchen (Agrawal et al. 2008; Ribeiro et al. 2007; Suzuki et al. 2005).

Depressive Verstimmungen (Blalock et al. 2005; Levine und Marcus 2004) während der Schwangerschaft sind förderlich, dass Frauen noch in der Schwangerschaft weiterrauchen.

Die Angst, an Gewicht zuzunehmen (Edwards und Sims-Jones 1998), führt bei einigen Frauen dazu, dass sie während der Schwangerschaft rauchen.

Frauen, die orale Kontrazeptiva anwenden, haben ein besonders erhöhtes Risiko für eine koronare Herzkrankheit, wenn sie rauchen (Surgeon General's Report – Women and Smoking 2001, S. 13).

Kohortenstudien mit in den 1980er Jahren analysierten Follow-up-Daten stellen dar, dass das jährliche Sterberisiko aller Ursachen bei Zigarettenraucherinnen 80 bis 90 % höher ist als bei Frauen, die nie geraucht haben (Surgeon General's Report 2001, S. 12).

Das jährliche Sterberisiko einer Frau verdoppelt sich bei anhaltenden Rauchern im Vergleich zu Personen, die nie geraucht haben, in allen Altersgruppen von 45 bis 74 Jahren (Surgeon General's Report 2011, S. 12).

2017 wurde eine »Guideline zu Screening und Beratung bei Zigaretten- und Alkoholkonsum vor, während und nach der Schwangerschaft« vom Schweizerischen Hebammenverband fertiggestellt. Diese Guideline unterstützt Hebammen und weitere Gesundheitsfachpersonen in der Aufklärung und Information von rauchenden Schwangeren. Schwangeren ist grundsätzlich zu empfehlen, ganz auf Alkohol und/oder Rauchen zu verzichten, da es kein »sicheres« Maß an Alkohol- und/oder Zigarettenkonsum während der Schwangerschaft und Stillzeit gibt. (SHV 2017)

> **Merke:** Eine Reduktion des Tabakkonsums oder besser ein Rauchstopp während der Schwangerschaft hilft, Folgeschäden durch das Rauchen bei Kind und Mutter zu verhindern. Maßnahmen, die die Stabilisierung der erlangten Tabakabstinenz der Mutter auch nach der Geburt unterstützen, sind von großer Bedeutung und Relevanz. Jede schwangere Frau sollte auf ihren Rauchstatus angesprochen werden, um eine eventuelle Begleitung während und nach der Schwangerschaft aufzugleisen.

5.3 Chronisch Erkrankte

Ein gängiges Klischee zeigt den chronisch psychisch Kranken im Foyer der psychiatrischen Klinik oder Beratungsstelle mit seiner Zigarette. Und in der Realität haben Menschen mit chronifizierten psychischen Erkrankungen wie Depressionen, Schizophrenie oder Traumafolgestörungen auch eine deutlich höhere Wahrscheinlichkeit, in eine Nikotinabhängigkeit hineinzugeraten und wesentlich schlechter aus dieser herauszukommen, als die nicht psychisch kranke Bevölkerung.

Damit ist dieser Hochrisikogruppe besondere Aufmerksamkeit zu schenken, da der Stressor der chronischen psychischen Erkrankung ohnehin die Lebensqualität und Lebensdauer beeinträchtigen kann und sich in Kombination mit den zumeist körperlichen Langzeitschädigungen des Nikotinkonsums ein unglückliches Gesamtbild ergeben kann. Ähnlich wie bei Gesunden hat der Nikotinkonsum bei psychisch Kranken diverse Funktionalitäten, die im Einzelfall erfasst werden müssen. Sie reichen von der kurzfristigen Konzentrations- und Aufmerksamkeitssteuerung, der kurzfristigen Enttängstigung, der Möglichkeit, an einer sozialen Gruppe teilzunehmen und der Selbstdarstellung bis hin zur unbewussten Enzyminduktion bei Überdosierung von Psychopharmaka und zu wahnhaften Heilserwartungen an die Zigarette.

Je nach Schweregrad und genauer Ausprägung der psychischen Störung ergeben sich höchst unterschiedliche Funktionalitäten, die aber nichts an der letztlich biologisch gleichen Wirkung des Nikotins und seiner vielfältigen Beiprodukte ändern. Im Ritual des Rauchens – ob alleine oder in Geselligkeit – erleben psychisch Kranke eine kurze Phase der Normalität und eine Auszeit von drängenden Problemen. Darauf einfach zu verzichten, ohne einen entsprechenden Ausgleich oder eine Alternativstrategie zu haben, ist anspruchsvoll bis unmöglich.

So wird denn auch selten der Nikotinkonsum oder die Abhängigkeit als Hauptinterventions- und Therapieziel bzw. Beratungsschwerpunkt bei psychisch Kranken im Vordergrund stehen. Vielmehr ist es die Behandlung der Grunderkrankung wie Depression oder Angst etc., in deren Verlauf die spezielle Bedeutung und Funktionalität des Nikotinkonsums – je nach Aufmerksamkeit der Fachpersonen in Beratung und Therapie – zur Sprache kommt, worauf ggf. eine Intervention folgen kann. Bedauerlicherweise werden in Praxen und Institutionen die mit dem Nikotinkonsum verbundenen körperlichen und psychischen Probleme im Verhältnis zur schweren Grunderkrankung als weniger wichtig angesehen. Dies vielleicht nicht im theoretischen Gespräch oder in der allgemeinen Diskussion über Nikotin, aber in der konkreten Einzelplanung.

Gerade im klinischen Kontext »hat der Patient, die Patientin andere Sorgen, als sich auch noch mit seinem Nikotinkonsum zu beschäftigen«. Dies mag in einer Anfangsphase, z. B. einer akuten Psychose, durchaus gelten, spätestens aber bei Langzeittherapien, chronisch rezidivierenden Störungen oder phasenhaften Störungen sollte der Nikotinkonsum bzw. die Abhängigkeit in das Gesamtkonzept aktiv miteinbezogen werden.

Hieran haben Patientinnen und Patienten in seltensten Fällen große Freude, sie erleben aber doch auf die Dauer eine Sorgfältigkeit und Fürsorglichkeit der Fachpersonen in Beratung und Therapie, die dieses unangenehme Thema nicht ausblenden oder bagatellisieren. In diesem Kontext ist interessant, dass die Klassifikation psychiatrischer Erkrankungen nach der ICD-10 oder im Jugendalter nach dem MAS durchaus die Diagnose einer Nikotinabhängigkeit zulässt, diese aber – auch in Suchtfachkliniken – eher selten genutzt wird. So tauchen gerade in psychiatrischen Kliniken die nikotinbedingten Störungen erheblich unterrepräsentiert auf. Dies kann Ausdruck der oben genannten Priorisierung anderer Störungen, aber auch der gemeinsamen (unbewussten) Bagatellisierung sein.

Besondere Bedeutung gerade bei chronisch psychisch Kranken hat die Motivationslage. Auch wenn intellektuell und mental die Notwendigkeit einer Nikotinreduktion oder Abstinenz erkannt wird, ist doch die Motivation und deren konstante Aufrechterhaltung in Verführungssituationen durch die psychische Erkrankung selbst beeinträchtigt.

Dies gilt weniger für akut und intermittierend auftretende Störungsbilder wie beispielsweise bei Traumafolgestörungen oder Angst- und Panikstörungen, in besonderem Maße aber bei chronifizierten und ohnehin das Motivations- und Belohnungssystem betreffenden Störungen wie Depressionsformen, Zwangserkrankungen, wahnhaft paranoiden Störungen oder chronifizierten Psychosen.

Die seelische Erschöpfung und ein niedriges Energieniveau sind hier zentrale Faktoren ebenso wie vielfältige frühere Frustrationserlebnisse.

So kann es bei psychisch Kranken im Fallverständnis und in der Interventionsplanung (▶ Kap. 8 von besonderer Wichtigkeit sein, zunächst das allgemeine Energie- und Kraftniveau und die allgemeine Motivation zu stärken, bevor man sich dem spezifischen Thema der Nikotinabhängigkeit zuwendet.

Dies sollte aber nicht zu einer generellen Verdrängung dieser Thematik führen, vielleicht aus dem falschen Verständnis heraus, dem Kranken »nicht auch noch eine Nikotinabstinenz zuzumuten«.

Zu bedenken ist nämlich auch die Belohnung und Motivation aus der Tatsache heraus, den Nikotinkonsum eingestellt zu haben, was psychisch Kranke ermutigen kann, auch andere schwierige Themenbereiche anzugehen. Da auch seelisch Gesunde Schwierigkeiten haben, bei einer Abhängigkeit von Nikotin wegzukommen, sehen sich hier psychisch Kranke sozusagen »in guter Gesellschaft«.

Selbstverständlich müssen diese allgemeinen Überlegungen auf den konkreten komplexen und individuellen Einzelfall angepasst und adaptiert werden und können nur als grobe Richtschnur dienen.

6

Ätiologie und interdisziplinäres Fallverständnis

Im gewissen Gegenstand zu anderen stoffgebundenen Süchten ist die Nikotinabhängigkeit weitgehend in unauffällige und normale Lebensbezüge einzufügen. Weder finden schwere direkte akute Nebenwirkungen statt, noch ist die soziale Stigmatisierung durch Illegalisierung mitbedingt, noch bedarf die Beschaffung krimineller Energie. Auch wenn sich die soziale Akzeptanz des Rauchens in vielen Lebensbereichen drastisch reduziert hat (Nichtraucherschutzgesetze etc.), so lässt sich doch der Nikotinkonsum und auch die Tabakabhängigkeit mit fast allen Lebensformen vereinen. Ein individueller Leidensdruck als eine Grundlage von Intervention bzw. Sekundär- und Tertiärprävention steht daher zunächst im Hintergrund.

Vielmehr sind es vernunft- und lebensstilorientierte Überlegungen bzw. konkrete körperliche Einschränkungen oder die Angst vor ernsthafter Erkrankung, die eine Beendigungs- oder Reduktionsmotivation bestimmen. Dementsprechend hat sich das Fallverständnis der Fachpersonen in Beratung und Therapie klar an der höchstindividuellen Lebenslage der Betroffenen zu orientieren, muss aber gleichzeitig auf bewährte standardisierte Methoden zurückgreifen.

Es ist die Kunst der Intervention, diese Balance zwischen Individualisierung bzw. Personalisierung und der modular auch zeitlich abgestimmten Nutzung standardisierter evidenzbasierter Interventionen zu gestalten.

Die sehr leichte Verfügbarkeit, die ausgesprochen hohe Rückfallgefährdung und der geringe direkte Schaden einer Einzeldosis erschweren das Gesamtbild. Hinzu kommen die in früheren Kapiteln dargestellten Besonderheiten der jeweiligen Altersstufen, der biologischen Geschlechtlichkeit und der Geschlechterrolle sowie auch die kulturellen Hintergründe. So einförmig auch phänomenologisch die Raucherin oder der Raucher erscheinen mag, so komplex sind die Entstehungsbedingungen der Nikotinsucht, deren individuelle Auswirkungen und damit deren individuelle Ansatzpunkte zur Intervention.

Die Methode des Motivational Interviewing (MI) in ihren adaptierten und modernisierten Formen ist auch in diesem Bereich ausgesprochen nützlich und kann als Goldstandard gelten, um die betroffene Person »dort abzuholen, wo sie steht«. Damit dieser Ansatz nicht bloßes Lippenbekenntnis bleibt, ist eine sorgfältige Analyse der Entstehungs- und Nutzungsbedingungen von Tabak- und Nikotinprodukten ebenso unerlässlich wie eine kritische Erfassung der individuellen Motivationslage. Es macht für das Fallverständnis einen deutlichen Unterschied, ob eine Person fremdmotiviert ist (beispielsweise durch die Sorgen der Ehegattin nach einem Herzinfarkt) oder hochgradig selbstmotiviert ist (Student, der sich in seiner Peer-Group isoliert sieht), eine bessere Intervention und bessere Prognose quasi automatisch bedingt.

Im Idealfall gelingt es, mit Betroffenen im Sinne eines partizipativen Prozesses sowohl extrinsische als auch intrinsische Motivatoren zu erarbeiten und diese langfristig zu stabilisieren. Neben einem Störungsverständnis ist also auch ein Motivationsverständnis eine wichtige Basis jeglicher Intervention.

Da die extrinsische Motivation häufig aus dem sozialen oder familiären sowie beruflichen Umfeld der Betroffenen stammt, ist dieses sowohl als Schutzfaktor als auch als aufrechterhaltender Faktor in die Fallanalyse miteinzubeziehen. Zwar finden sich bei anderen Substanzen vor allem aus dem illegalisierten Bereich deutlich stärkere soziale Verführungs- und Drucksituationen, einen Konsum fortzusetzen, auch beim Rauchverhalten sollte dies aber in seiner Relevanz geprüft werden.

Wenn die Morgenzigarette, die Pausenzigarette oder die Feierabendzigarette ein selbstverständliches Ritual und eine Peer-Gruppen verstärkende Aktivität beispielsweise in einem Betrieb darstellt oder wenn das Rauchen schlicht die Zugehörigkeit zu einer Gruppe markiert, wird anders vorzugehen sein, als wenn Betroffene primär für sich alleine beispielsweise zwecks Reduktion von Stress und Nervosität weitgehend unabhängig von der Umgebung Tabakprodukte zu sich nehmen.

Es empfiehlt sich, für das Fallverständnis ein stufenartiges Vorgehen anzuwenden, das aus folgenden Elementen besteht:

1. Analyse der individuellen Entstehungsbedingungen
2. Analyse der psychosozialen und familiären Umfeldbedingungen
3. allgemeine Motivationsanalyse
4. spezifische Motivationsanalyse in Hinblick auf Nikotinabhängigkeit
5. allgemeine Psychoedukation
6. Intervention bzw. Therapie bei komorbiden Störungen
7. Prüfung, ob Einzel- oder Gruppenintervention sinnvoll
8. standardisierte Intervention
9. Rückfallprophylaxe und Erhaltungstherapie

In der praktischen Erfahrung zeigt sich, dass die in die ersten Phasen investierte Zeit des gemeinsamen Störungs- und Motivationsverständnisses vor allem bei späteren – ggf. wahrscheinlichen – Rückfällen sinnvoll für einen nächsten Interventionsschritt genutzt werden können.

Da Nikotinkonsumierende mit einem Veränderungswunsch diesen häufig sehr schnell umgesetzt haben und eine Art *window of opportunity* nutzen wollen, können Fachpersonen der Diagnostik und der Therapie verführt werden, auf die Analyse der vielfältigen Entstehungs- und Aufrechterhaltungsfaktoren zu verzichten und sich zu schnell der Intervention zuzuwenden. Dies rächt sich in aller Regel später. Andererseits kann ein zu detailliertes und die Patientinnen und Patienten nicht aktiv miteinbindendes Abarbeiten von Anamnese-Checklisten/Laborroutinen verhindern, den Schwung einer Anfangsmotivation zu nutzen. Stetigkeit, Nachhaltigkeit und sicher auch etwas Zähigkeit prägen die Grundhaltung von Fachleuten der Beratung und der Therapie in diesem Feld.

7

Klassifikation und Diagnostik

7.1 Klassifikation

7.1.1 Definition der Nikotinabhängigkeit nach ICD-10 und DSM-IV/DSM-5

In den internationalen diagnostischen Klassifikationssystemen – der Internationalen Klassifikation von Krankheiten (ICD) der Weltgesundheitsorganisation (WHO) und dem Diagnostischen und Statistischen Manual (DSM) der American Psychiatric Association – ist die Abhängigkeit als »Tabakabhängigkeit« bzw. »Nikotinabhängigkeit« beschrieben.

Nach ICD-10 (International Classification of Diseases, Internationalen Klassifikation der Krankheiten (ICD) der WHO) und ICD-11 kann die Diagnose Tabakabhängigkeit gestellt werden, wenn mindestens drei der folgenden Kriterien mindestens einen Monat lang gleichzeitig aufgetreten sind:

- starkes Verlangen/Zwang, Tabak zu konsumieren
- verminderte Kontrolle über Tabakgebrauch; erfolgloser Versuch bzw. anhaltender Wunsch, Gebrauch zu verringern/kontrollieren
- körperliches Entzugssyndrom bei Verringern oder Absetzen des Tabaks
- Toleranzentwicklung
- Vernachlässigung von Interessen oder Vergnügen zugunsten des Tabakkonsums
- anhaltender Gebrauch trotz schädlicher Folgen
- der Nikotinkonsum ist notwendig, um Entzugssymptome zu vermeiden
- Substanz wird in größeren Mengen oder über längeren Zeitraum als ursprünglich beabsichtigt eingenommen
- viel Zeit verbracht mit Substanzbeschaffung, Substanzkonsum oder Erholung von Substanzwirkungen
- Substanzmissbrauch führt zum Rückzug von sozialen, beruflichen und Freizeitaktivitäten
- Substanzgebrauch wird fortgesetzt, obwohl erkannt wird, dass es psychisch oder körperlich schadet

Das seit 2013 gebräuchliche DSM-5 hat die Klassifikation, die vor allem für Forschungszwecke und internationale Vergleiche von Bedeutung ist, in einem wichtigen Punkt verändert. Die Grundannahme ist jetzt, dass in einer Gesellschaft bestimmte Drogen, psychoaktive Substanzen, aber auch potenziell suchterzeugende Verhaltensweisen in der Breite der Bevölkerung vorkommen und die meisten Menschen für diese Verhaltensweisen Kompetenzen entwickelt haben. Diese können von der Unkenntnis über die Abstinenz bis zur gelegentlichen Nutzung und zu kontrollierter Intensivnutzung gehen. Man spricht daher von Substanzgebrauchsstörungen und im Kontext von Tabak von Nikotingebrauchsstörung. Es wurde lange diskutiert, inwieweit bestimmte sehr schnell eine Sucht erzeugende Substanzen wie Kokain, Heroin, Crack und eben das Nikotin überhaupt in sicherer und kontrollierter Weise eingenommen werden können. So tut sich also ein Spektrum auf vom hoch kompetenten Umgang inklusive Abstinenz bis hin zur chaotisch entkoppelten schweren Abhängigkeit. Auch wurde der Begriff der Abhängigkeit *(dependency)* wieder in Richtung des Begriffs Sucht *(addiction)* verändert und damit auch die im ICD-10 so praktische und häufig benutzte Diagnose »schädlicher Gebrauch« nicht aufgegriffen.

In der ICD-11, die seit vielen Jahren international von vielen Expertengruppen bearbeitet wird, schließt man sich auch dem Konzept der Drogengebrauchsstörung *(use disorder)* an, behält aber die Kategorie des schädlichen Gebrauchs bei. Dies ist sicherlich aus praktischer und klinischer Sicht günstig, vor allem zur Erfassung und Beschreibung von Patientengruppen, bei denen nicht eine schwere dauerhafte Abhängigkeit vorliegt.

Diese klassifikatorisch-kategorialen Fragen machen auf Klinikerinnen und Kliniker sowie Praktikerinnen und Praktiker in der Beratung immer einmal wieder den Eindruck der Abstraktheit und mangelnden Praxisrelevanz, für langfristige Forschungsprojekte und damit mittelfristig auch für die Versorgungsplanung haben die Konzepte aber eine hohe Bedeutung. Insbesondere die Zuschreibung der Kompetenz auf einzelne Bürgerinnen und Bürger (in gewisser Weise weg von der Gemeinde und der Gesellschaft als solcher) ist ein wichtiger Paradigmenwechsel der letzten 20 bis 30 Jahre. Das auch spätmodern-neoliberal mitbedingte Prinzip der letztlichen Eigenverantwortlichkeit zeitigt andere Präventions- und Interventionsstrategien und kann auch Kostenflüsse im Gesundheitswesen verändern.

7.2 Diagnostische Methoden

7.2.1 Verfahren zur Bestimmung der Tabakabhängigkeit

Test for Nicotine Dependence (FTND)

Um den Grad der Nikotinabhängigkeit zu bestimmen, wird international der sogenannte Fagerström Test for Cigarette Dependence (FTCD) bei erwachsenen rauchenden Personen eingesetzt.

Die Abhängigkeit wird mit einem Punktesystem ermittelt: Von 0–2 Punkten mit sehr geringer Abhängigkeit bis 8 und mehr Punkte für eine sehr schwere Nikotinabhängigkeit. Eine hohe Punktzahl im Fagerströmtest ist ein Hinweis für eine intensivere Behandlung in der Tabakentwöhnung und gibt wichtige Hinweise auf eine medikamentöse Behandlung.

Die insgesamt sechs Items des FTCD beziehen sich auf folgende Aspekte des Selbstbeurteilungsbogen des Fagerströmtests (Deutsches Krebsforschungszentrum, Fagerström Test for Cigarette Dependence, 2021)

1. die Dauer bis zum Rauchen der ersten Zigarette am Morgen nach dem Erwachen
2. die Anzahl der pro Tag gerauchten Zigaretten
3. den Schwierigkeitsgrad des Tabakverzichts an Orten, an denen der Tabakkonsum verboten ist
4. die Bedeutung der morgendlichen Zigaretten
5. die Intensität des morgendlichen Tabakkonsums
6. der Tabakkonsum bei Krankheit

Die stabilsten Prädiktoren der Abhängigkeitsstärke sind die Frage nach dem Zeitpunkt des Konsums der ersten Zigarette am Morgen und die Menge der täglich gerauchten Zigaretten (Kröger und Lohmann 2007).

Zur Erfassung der Stärke der Abhängigkeit wurde der »Fagerströmtest für Nikotinabhängigkeit« (FTND) in den »Fagerströmtest für Zigarettenabhängigkeit« (FTCD, die Validierung des Tests erfolgte mit Zigarettenrauchenden, nicht dagegen allgemein mit Konsumentinnen und Konsumenten von Tabakprodukten) umbenannt (Fagerström 2012).

Der FTCD ist das einzige Instrument zur Diagnostik der Tabakabhängigkeit, das im deutschsprachigen Raum validiert ist (S3-Leitlinie »Screening, Diagnostik und Behandlung des schädlichen und abhängigen Tabakkonsums« – AWMF 2021).

Für Jugendliche erfasst der Fagerströmtest die spezifischen Kriterien jugendlicher Abhängigkeit nur ungenau, ebenfalls die Kriterien nach ICD-10 und DSM-5.

Eigens für die Zielgruppe jugendlicher Tabakkonsumierender wurde die Hooked on Nicotine Checklist (HONC) (DiFranza et al. 2002) entwickelt. Die Fragen sind jeweils nur mit Ja oder Nein zu beantworten, der Summenscore wird aus der Anzahl der Ja-Antworten gebildet. Wenn nur eine der Fragen mit Ja beantwortet wird, sind erste Abhängigkeitskriterien erfüllt.

Der HONC besitzt eine hohe prädiktive Validität (DiFranza et al. 2002).

Fragen der Hooked on Nicotine Checklist (HONC (nach DiFranza et al. 2002)

- Hast du schon einmal erfolglos versucht aufzuhören?
- Rauchst du jetzt immer noch, weil das Aufhören so schwerfällt?
- Hast du schon einmal das Gefühl gehabt, von den Zigaretten abhängig zu sein?
- Hast du manchmal richtig starkes Rauchverlangen?
- Hast du schon einmal das Gefühl gehabt, dringend eine Zigarette zu brauchen?
- Fällt es dir schwer, an Orten nicht zu rauchen, wo man das eigentlich nicht darf?
- Wenn du eine gewisse Zeit nicht geraucht hast oder versucht hast aufzuhören:

- Fandest du es schwierig, dich ohne Zigaretten zu konzentrieren?
- Warst du gereizter, weil du nicht rauchen konntest?
- Hattest du dann ein starkes Verlangen oder Bedürfnis zu rauchen?
- Hast du dich nervöser, angespannter oder unruhiger gefühlt, weil du nicht rauchen konntest?

Pack years (py) – Anzahl Packungsjahre

Die Anzahl der Zigarettenpackungen am Tag wird multipliziert mit der Zahl der Jahre des Tabakkonsums.

Cotinin-Messung

Cotinin ist ein Stoffwechselprodukt des Nikotins. Gelangt Nikotin in den Körper, wird es teilweise zu Cotinin umgewandelt. Es handelt sich dabei um einen besonders geeigneten Marker, um die Exposition gegenüber Tabakrauch zu erfassen.

In der Regel wird eine Bestimmung der Nikotin-Plasma-Konzentration bzw. eine Ermittlung des Cotinin-Spiegels im Serum, Speichel und Urin (Batra et al. 2006; Lindinger et al. 2006) in der Tabakentwöhnung nicht vorgenommen, da dies zum heutigen Wissensstand nicht notwendig erscheint (Kröger und Lohmann 2007).

Kohlenmonoxid (CO)Messung

Die Messung des Kohlenmonoxids-Gehalts in der Ausatemluft stellt eine einfache Methode als motivierendes Feedbackinstrument in der Tabakentwöhnung dar.

Die Messung wird mit einem CO-Messgerät vorgenommen. Nach tiefem Einatmen und Halten der Luft während zehn Sekunden atmet der Raucher oder die Raucherin vollständig und gleichmäßig in das Mundstück des CO-Messgeräts aus.

Die angezeigten parts per million (ppM) lassen sich durch Knopfdruck in Carboxyhämoglobin (CO-Hb)-% transformieren, womit dem oder der Rauchenden sehr gut vor Augen geführt werden kann, inwiefern durch die Aufnahme von Kohlenmonoxid der Sauerstofftransport im Blut blockiert wird und dadurch Organe unterversorgt werden (Schoberberger und Kunze 1999).

Die Referenzwerte für Nichtrauchende und Rauchende sind je nach Messgerät unterschiedlich und finden sich in der jeweiligen Bedienungsanleitung des CO-Messgeräts.

Die blutige CO-Hb-Bestimmung

CO besitzt eine über 200-fach höhere Affinität zum Hämoglobin als Sauerstoff, sodass bereits bei einem CO-Gehalt der eingeatmeten Luft von nur 0,1 % das Gesamthämoglobin je zur Hälfte Sauerstoff und CO bindet. Rauchende können bis zu 10 % CO-Hb erreichen, bei Hämolysen fällt beim katalytischen Abbau des Hämoglobins mittels Hämoxygenase das toxische CO an. Dieses kann bei starker Hämolyse zu einem Anstieg des CO-Hb auf bis zu 30 % führen.

> **Merke:** Zur Bestimmung der Tabakabhängigkeit stehen heutzutage verschiedene Diagnostikinstrumente zur Verfügung, die sich bewährt haben. Für eine erfolgreiche Interventionsplanung ist es wichtig, dass diese Instrumente Anwendung in der klinischen Praxis finden. Die Anerkennung der Tabakabhängigkeit mittels der verschiedenen Screening- und Diagnostikverfahren fördert und gewährleistet die Finanzierbarkeit der Behandlung abhängiger Tabakkonsumierender durch geschultes Personal im Gesundheitswesen.

8

Interventionsplanung in Therapie und Prävention

»In zwanzig Jahren wirst du mehr enttäuscht sein über die Dinge, die du nicht getan hast, als über die Dinge, die du getan hast. Also löse die Knoten, lauf aus aus dem sicheren Hafen. Erfasse die Passatwinde mit deinen Segeln. Erforsche. Träume.«
Mark Twain (1835–1910)

Es existieren Leitlinien zur Behandlung der Tabakabhängigkeit. Eine der umfangreichsten und bekanntesten ist die S3-Leitlinie »Rauchen und Tabakabhängigkeit: Screening, Diagnostik und Behandlung« (AWMF 2021). In den Jahren 2010 bis 2015 wurde unter der Federführung der Deutschen Gesellschaft für Psychiatrie, Psychotherapie, Psychosomatik und Nervenheilkunde (DGPPN) und der Deutschen

Gesellschaft für Suchtforschung und -therapie (DG-Sucht) die Erstauflage der interdisziplinären, evidenzbasierten Leitlinie zum Screening, zur Diagnose und Behandlung von tabakbezogenen Störungen (schädlicher Gebrauch und Abhängigkeit) entwickelt. In den Jahren 2019–2020 wurde sie überarbeitet und liegt derzeit mit einer Gültigkeit bis Dezember 2025 vor. Bei der Erstellung der ersten Version der Tabakleitlinie waren 17 Autorinnen und Autoren aktiv, diese Zahl hat sich bei der Überarbeitung mit 34 verdoppelt. Die Leitlinie erfüllt die methodischen Kriterien der Arbeitsgemeinschaft Wissenschaftlich Medizinischer Fachgesellschaften (AWMF) für S3-Leitlinien (systematische Recherche, Auswahl und Bewertung der internationalen Literatur, strukturierte, interdisziplinäre Konsensfindung, repräsentative Beteiligung von Vertretern aller Adressatinnen und Adressaten). Mit dieser systematisch entwickelten, evidenzbasierten Leitlinie liegen umfangreiche Orientierungs- und Entscheidungshilfen für Ärztinnen und Ärzte, Psychologinnen und Psychologen sowie andere Therapeutinnen und Therapeuten, aber auch für Betroffene und Angehörige bei der Diagnostik und Therapie von tabakbezogenen Störungen vor.

8.1 Therapieansätze

Verhaltenstherapeutische Einzel- und Gruppeninterventionen (Verhaltensanalysen, Selbstbeobachtung, Verhaltenskontrakte, Entwicklung von Verhaltensalternativen, kognitive Umstrukturierung, Verfahren zum Umgang mit Stress, Erarbeiten von sozialer Unterstützung, Rollenspiele, Entspannungstechniken, Selbstkontrolltechniken etc.) zur Erreichung der Tabakabstinenz können helfen und sind wirksam. Sie sollen in der medizinischen und psychosozialen Gesundheitsversorgung angeboten werden (S3-Leitlinie »Rauchen und Tabakabhängigkeit: Screening, Diagnostik und Behandlung« – AWMF 2021).

Die Inhalte der Behandlungen sollten mehrere Komponenten enthalten. Empfehlenswert sind insbesondere:

- Psychoedukation
- Motivationsstärkung
- Maßnahmen zur kurzfristigen Rückfallprophylaxe
- Interventionen zur Stärkung der Selbstwirksamkeit
- alltagspraktische Beratung mit konkreten Verhaltensinstruktionen und praktischen Bewältigungsstrategien (Problemlöse- und Fertigkeitstraining, Stressmanagement)

Die Tabakabhängigkeit als eine Erkrankung mit hohem Suchtpotenzial anzuerkennen und dass es notwendig ist, Behandlungs- bzw. Therapieansätze zu entwickeln, dafür brauchte es in den letzten Jahren ein hohes Engagement von verschiedenen medizinischen und therapeutischen Fachgesellschaften.

Eine wertschätzende Haltung der Beratungsperson wirkt sich auf die Beziehungsgestaltung mit der aufhörwilligen Person aus. Steht allein das schädigende Verhalten der oder des Tabakabhängigen im Vordergrund ohne Berücksichtigung der Person, werden Unterstützungsangebote aus der Erfahrung in der Praxis weniger und nicht erfolgreich akzeptiert. Schuldzuweisungen gegenüber rauchenden Personen sind in der Tabakentwöhnung heutzutage obsolet. Langjährige Tabakkonsumierende haben in den meisten Fällen ein schlechtes Gewissen, da die gesundheitlichen Folgen des Tabakkonsums hinreichend bekannt sind. Gewohnheiten und Rituale geben neben der Nikotinsucht Halt und Struktur. Um diese zu verändern, braucht es einen inneren oder äußeren Anlass. Das »unbekannte Neue« scheint aufwendiger als ein bekanntes kalkulierbares Risiko.

»Solange meine Bedürfnisse gestillt sind, wieso soll ich etwas ändern?« Häufig werden Neujahrsvorsätze als Anlass genommen, weniger zu rauchen. Jedoch erleben Tabakkonsumierende mehrere Versuche bis zu einer langfristigen Abstinenz. Die Möglichkeiten, es ganz zu schaffen, steigen mit jedem Versuch.

8 Interventionsplanung in Therapie und Prävention

Eine Metapher, die nacherzählt in der Beratungspraxis Anwendung findet, ist die Geschichte eines Königs, der ein Bild bei einem Maler kaufen möchte. Der Maler zeigt ihm ein Bild, von dem der König begeistert ist. »Sie sind ein wahrer Meister«, sagte der König. Der Maler zeigte ihm daraufhin einen Schrank mit vielen Schubfächern, in denen Papierbögen lagen. »Ich habe alle diese Skizzen gebraucht, damit ich dieses Bild malen konnte«, antwortete ihm der Maler. Es verdeutlicht, dass die Chancen mit jedem Versuch steigen, längerfristig rauchfrei zu werden.

Erfahrungen in der Praxis der Tabakentwöhnung zeigen: Je persönlicher die Gründe für den Rauchstopp sind, desto stärker kann die Bereitschaft, rauchfrei zu bleiben, gestärkt werden. Die emotionale Beteiligung, die es für Bereitschaft zur Veränderung braucht, erhöht sich dadurch.

Je mehr Gründe die Klienten finden für die Rauchfreiheit, desto mehr stabilisiert sich aus der Erfahrung in der Beratungspraxis die Abstinenz. Diese können z. B. sein: Gesundheit, Geld, Vorbildrolle, Unabhängigkeit, Familie.

Es bietet sich hier an, mit einem Vergleich zu arbeiten. Die Klientinnen und Klienten werden gebeten, fünf gute Gründe zu finden – wie fünf Finger an einer Hand –, die ihnen helfen, rauchfrei zu werden bzw. zu bleiben (▶ Abb. 8.1). In diesem Vergleich prägen sich die Betroffenen die Gründe besser ein, sie haben es selbst in der Hand.

Akute Folgeerkrankungen des Rauchens regen in den meisten Fällen eine Auseinandersetzung über das eigene Verhalten und die persönliche Lebensqualität an. Ein »Stein« kann sozusagen »ins Rollen kommen«. Solche wichtigen Momente werden *»teachable moments«* genannt. In diesen Phasen sind Personen besonders motiviert für Veränderungen. Die Stabilisierung der »gewonnenen« Rauchfreiheit ist jedoch sehr wichtig. Eine Krankheit wird individuell erlebt, aber wenn die Akutphase vorbei ist und die Betroffenen sich wieder »gesünder« erleben, z. B. nach einem Klinikaufenthalt in ihr gewohntes Umfeld kommen, können sie ihre Gewohnheiten des Rauchverhaltens wieder einholen.

8.1 Therapieansätze

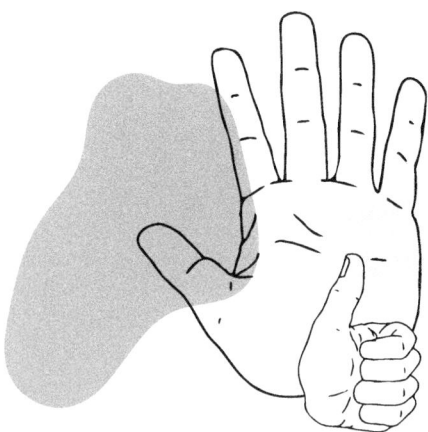

Abb. 8.1: Fünf gute Gründe für die Tabakfreiheit

Rauchfrei werden ist ein Lernprozess, die Betroffenen lernen sozusagen, rauchfrei zu werden, sie müssen lernen, sich selbst zu kontrollieren und zu reflektieren. Aus erfolglosen Rauchstopperfahrungen können die Personen ebenso lernen, neue Strategien kennenzulernen und anzuwenden. Zum Bespiel den Einsatz von Nikotinersatz als hilfreiche Unterstützung in der Entzugssymptomatik. Das erfordert im Verlauf immer wieder eigene Motivation und Mut für die getroffene Entscheidung, besonders dann, wenn gesundheitliche Verbesserungen eintreten (▶ Abb. 8.2), erlebte Krankheitsereignisse in den Hintergrund rücken oder bei chronischen Erkrankungen wie z. B. einer fortgeschrittenen COPD keine spürbaren gesundheitlichen Verbesserungen sofort eintreten.

Das gesundheitsschädigende Verhalten wird in der Regel durch die schnell wirkenden positiven Konsequenzen des Nikotins verstärkt. Auf ein Verhalten mit unmittelbarem positivem Erlebtem zu verzichten, um eintretende negative Krankheitsfolgen zu vermeiden, kann eine tägliche Herausforderung sein.

Daher sind persönliche Gründe sehr wichtig als Verstärker für die Tabakabstinenz, als »nur« der gesundheitliche Aspekt.

Zeitlich unmittelbar eintretende positive Folgen durch den Rauchstopp werden stärker wahrgenommen als langfristige.

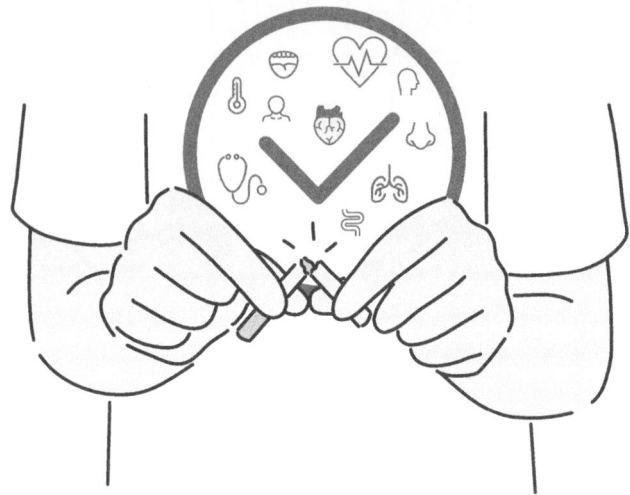

Abb. 8.2: Körperliche Verbesserungen nach dem Rauchstopp

Körperliche Verbesserungen nach dem Rauchstopp:

- *Nach 20 Minuten:* Der Blutdruck sinkt nahezu auf einen Wert wie vor der letzten Zigarette. Die Temperatur in Händen und Füßen steigt wieder auf normale Werte.
- *Nach 8 Stunden:* Der Kohlenmonoxid-Spiegel im Blut ist auf einen normalen Wert gesunken.
- *Nach 1 Jahr:* Das erhöhte Risiko einer koronaren Herzkrankheit ist auf die Hälfte des Risikos einer Raucherin bzw. eines Rauchers gesunken.
- *Nach 5 Jahren:* Das Schlaganfallrisiko ist nur noch halb so groß wie bei Personen, die weiterrauchen.
- *Nach 10 Jahren:* Das Risiko, an Lungenkrebs zu sterben, verringert sich fast um die Hälfte. Das Risiko einer Krebserkrankung in der

Mundhöhle, Luftröhre, Speiseröhre, Harnblase, in den Nieren und in der Bauchspeicheldrüse sinkt.
* *Nach 15 Jahren:* Das Risiko einer koronaren Herzkrankheit ist das von lebenslang Nichtrauchenden.

Der Ansatz mit den fünf Gründen – wie Finger an einer Hand –, um rauchfrei zu bleiben, kann einfach, aber wirkungsvoll sein, wenn es darum geht, Rauchende für die Entwöhnung zu motivieren.

Es gibt weitere verschiedene Tools, die Motivation zu stärken. Zum Beispiel die Motivationswaage (▸ Abb. 8.3).

Abb. 8.3: Motivationswaage

Kröger und Lohmann (2007) empfehlen, die Überschriften für die Wagschalen »Was spricht gegen bzw. für das rauchfreie Leben« zu wählen und nicht vom Aufhören oder Nichtrauchen zu sprechen, da hiermit bereits die Perspektive im Sinne einer Zielorientierung schon auf die Entscheidung für ein rauchfreies Leben und weniger gegen das Rauchen gerichtet wird.

Eine Raucherkarriere beginnt nicht selten mit dem »Modell-Lernen«: Jugendliche beobachten Modelle (Eltern, Idole) und ahmen diese nach. Raucht ein Idol, etwa ein Musikstar, wird dieses Verhalten häufig übernommen, auch das Rauchverhalten.

Albert Bandura, kanadischer Psychologe und einer der führenden Psychologen der zweiten Hälfte des 20. Jahrhunderts, hat sich damit auseinandergesetzt, wie Menschen lernen, und führte den Begriff des »Model-Lernens« ein. Lernen bedeutet für ihn ein aktiver Verarbeitungsprozess, unter anderem durch Aufmerksamkeit. Er fand u. a. heraus (Bandura 1979), dass Menschen ihre Aufmerksamkeit mehr auf Modelle und Verhaltensweisen von anderen Personen im Umfeld richten:

- zu denen sie eine positive emotionale Beziehung haben
- die ihnen attraktiv und sympathisch erscheinen
- die Erfolge aufgrund eines Verhaltens haben – diese Personen werden aufmerksamer beobachtet

Am Modell lernen bietet auch für aufhörwillige Raucherinnen und Raucher das Kennenlernen von Alternativmöglichkeiten anstelle des Rauchens an, indem sie Nichtraucherinnen und Nichtraucher beobachten, wie diese sich in für sie typischen Rauchsituationen, wie z. B. nach dem Essen oder in Pausenzeiten, entspannen. Dabei empfiehlt es sich, Nichtraucherinnen und Nichtraucher auszuwählen, die der Raucherin oder dem Raucher sympathisch sind, bestenfalls aus dem Freundes- oder Familienkreis.

Ein wesentliches Konzept Albert Banduras war das Konzept der Selbstwirksamkeit. Hierbei spielt die Selbstwirksamkeitserwartung eine große Rolle. Sie meint die Erwartung und die damit verbundenen Gefühle, eine Leistung erbringen zu können, der subjektive Glaube an die eigene Leistungsfähigkeit. Sie beeinflusst die Intensität und Ausdauer, mit der die Person ihre Aufgaben bewältigt. Bandura geht davon aus, dass Selbstwirksamkeit gelernt ist. Durch erfolgreiche Erfahrungen kann er eine hohe Selbstwirksamkeit erlangen, durch Misserfolge und unangemessene Verallgemeinerungen geringe Selbstwirksamkeit erlernen. Wenn zum Beispiel eine Person mehrere erfolglose Rauchstoppversuche erlebt hat, kann sich ein »Glaube« entwickeln von »Ich schaffe es nicht«, sprich: Die Selbstwirksamkeit ist gering.

Mit einer begleitenden motivierenden Intervention von Fachpersonen und Therapeutinnen und Therapeuten kann die Selbstwirksamkeit erhöht werden.

Eine Forschungsstudie von Chiou, Wu und Chang (2012) untersuchte folgenden Ansatz für die Reduktion des Zigarettenkonsums: Durch eine »Kurzintervention« soll die Denkweise dahingehend beeinflusst werden, dass die Selbstkontrolle gefördert wird, damit weniger Zigaretten konsumiert werden. Dieses Konzept beruht auf der Abstraktions-Level-Theorie (engl. *construal level theory*). Das würde heißen, der Abstraktionsgrad, mit dem wir über Ziele nachdenken, beeinflusst unsere Entscheidungen und unser Handeln. In der Tabakentwöhnung könnte es zum Beispiel heißen, dass »ein gutes Vorbild sein« oder »eine bessere Lebensqualität haben« einer abstrakteren Denkweise entsprechen als z. B. »Verzicht auf die Morgenzigarette«. Gemäß der Abstraktions-Level-Theorie führt das abstrakte Nachdenken auch zu einer größeren Selbstkontrolle, da man das langfristige Ziel nicht aus den Augen verliert. Mit anderen Worten: Gemäß der Hypothese der Autorenschaft fällt es einer Person einfacher, am Vorsatz festzuhalten, nicht oder weniger zu rauchen, wenn sie sich die positiven Konsequenzen des Nichtrauchens in Erinnerung ruft (»weshalb«), als wenn sie sich stets den »mühsamen Weg« vor Augen hält, der darauf hinführen würde (»wie«). (Suchtmagazin Schweiz 2014)

> **Merke:** Folgeerkrankungen des Rauchens sind der häufigste Grund für einen Rauchstopp. Verhaltenstherapeutische Einzel- und Gruppeninterventionen können aufhörwillige Raucherinnen und Raucher im Rauchstoppprozess unterstützen. Ein Rauchstoppprozess ist gleichzeitig auch ein Lernprozess. Ambivalen-

zen wie »Ich will« – »Ich will nicht« sind typische innere Dialoge in der Zeit des Aufhörens. In den letzten Jahren wurden nationale und internationale Leitlinien entwickelt zur Tabakentwöhnung. Leitlinien unterstützen die Entscheidungen des Gesundheitspersonals für spezifische klinische Behandlungen und diagnostische Prozesse. Sie geben Ärztinnen und Ärzten Orientierung im Sinne von Entscheidungs- und Handlungsoptionen.

8.1.1 Ressourcen- und lösungsorientierte Beratungskonzepte

Ressourcen- und lösungsorientierte Beratungskonzepte wurden mit einem systemischen Grundgedanken entwickelt, der davon ausgeht, dass der Klient bereits über alle notwendigen Fähigkeiten verfügt, um vom Problem zur Lösung zu kommen. Probleme werden nicht zu tief betrachtet, sondern es wird möglichst auf die vorhandenen Ressourcen und Kompetenzen fokussiert, und Anregungen werden vermittelt, damit erste Schritte im Verhaltensprozess unternommen werden können. Lösungsorientierte Beratung bedeutet, Patientinnen und Patienten zu aktivieren, ihre Möglichkeiten und Fähigkeiten zu entdecken und wahrzunehmen.

In der Tabakentwöhnung heißt es, sich auf die positiven Veränderungen nach dem Rauchstopp zu konzentrieren statt z. B. nur auf die Symptomatik einer Folgeerkrankung des Rauchens. Lösungsorientierung als therapeutisches Konzept ist begründet in Werthaltungen und ethischen Grundsätzen. Es fokussiert auf die Zukunft »Die Rauchfreiheit« und unterstützt die Selbstwirksamkeit der aufhörwilligen Raucher und Raucherinnen. Der Weg zum Rauchstopp wird von den Betroffenen häufig als schwierig geschildert. Ursache sehen die meisten in ihrem langjährigen Rauchverhalten. Aussagen wie »Ich rauche schon 30 Jahre, es wird sicher schwer sein, mich davon zu lösen« verhindern, Rauchstoppversuche zu unternehmen.

Das patientenzentrierte Verfahren »Motivational Interviewing (MI)«, das in der Therapie von alkoholabhängigen Patientinnen und Patienten (Miller und Rollnick 2002) entwickelt wurde, ist mittlerweile auch eines der bekanntesten Modelle in der Tabakentwöhnung. Laut der aktuellen S3-Leitlinie »Rauchen und Tabakabhängigkeit: Screening, Diagnostik und Behandlung« (AWMF 2021) wird die Anwendung bei wenig motivierten Rauchenden empfohlen. Der Ablauf der MI-Gesprächsführung zielt auf eine Entscheidung für die Verhaltensänderung mit bestimmten Grundhaltungen. Die Autonomie der betroffenen Person ist zu berücksichtigen und somit deren eigene Entscheidungsfähigkeit zu respektieren. In dieser lösungsorientierten Haltung wird davon ausgegangen, dass die aufhörwilligen Raucherinnen und Raucher zu selbstbestimmten Entscheidungen fähig sind.

Jede Person verfügt über ein Veränderungspotenzial. Die Aufgabe der Beraterinnen und Berater in der Tabakentwöhnung ist es, mit einer motivierenden Haltung die individuellen Beweggründe und vorhandenen Ressourcen zu aktivieren, die die Betroffenen befähigen, die notwendigen Schritte für die Rauchfreiheit zu planen und umzusetzen.

Die Beraterinnen und Berater begleiten in diesem Prozess. Die Beziehung wird auf der Grundlage von Vertrauen und Empathie hergestellt und ein Verständnis für die Situation der Klientel entwickelt. Die Beratungsperson greift wiederholt die individuellen Ziele und Werte der Klientinnen und Klienten auf, damit diese im Verlauf reflektiert werden können. Die Verantwortung für die Schritte in der Veränderung liegt immer bei den Klientinnen und Klienten und wird von diesen selbst formuliert.

Beraterinnen und Berater neigen häufig dazu, eigene persönliche Argumente zu formulieren. Meist werden diese Argumente von den Betroffenen als Gegenargument kommentiert, und es kann zu einer Abwehrhaltung kommen.

Im MI geht man davon aus, dass, wenn Handlungs- und Freiheitsspielräume in bestimmten Situationen eingeschränkt sind, ein Widerstand in der Interaktion zwischen der Beratungsperson und den

Klientinnen und Klienten auftritt. Die eigene Kontrolle im Prozess zu haben, erhöht die Selbstwirksamkeit, die Zuversicht, den Rauchstopp zu schaffen.

Wie schon beschrieben, durchlaufen Raucherinnen und Raucher oftmals mehrere Rauchstoppversuche. Die Beratungsperson hebt die Erfolge in der Vergangenheit hervor, gibt diesen eine Bedeutung.

Wenn etwas geholfen hatte in der Vergangenheit, wie z. B. Alternativen, Ablenkungen, medikamentöser Einsatz etc., Unterstützung im familiären Umfeld und im Freundeskreis, kann dies wieder eingesetzt werden. Positive Erinnerungen an geschaffte Verhaltensänderungen erhöhen die Zuversicht.

Auch die Feststellungen, was zu Rückfällen geführt hat, z. B. Gewichtszunahme, können so berücksichtigt werden, bevor z. B. der Rauchstopp umgesetzt wird.

Die Tabakabstinenz zu erreichen, ist ein Lernprozess, Betroffene »lernen« sozusagen, rauchfrei zu werden. Ein erfolgreiches Modell, das hilft, die verschiedenen Stufen zu verstehen und entsprechend zu intervenieren, ist das transtheoretische Modell der Verhaltensänderung nach Prochaska und DiClemente (1983). Klare Interventionen lassen sich in der Unterstützung von Raucherinnen und Raucher ableiten.

Verhaltensänderungen werden als Prozesse bezeichnet, die sich als unterschiedlich aufbauende *»stages of change«* beschreiben lassen. Wie lange sich eine Person in den einzelnen Stufen aufhält, kann individuell unterschiedlich sein. Für eine erfolgreiche Veränderung wird das Durchlaufen aller Phasen empfohlen, da ansonsten das Risiko für Rückfälle erhöht ist. (Prochaska et al. 1992)

Mithilfe des Stufenmodells (▶ Abb. 8.4) nach Prochaska und DiClemente (1983) können in der Tabakentwöhnung stufenbezogene Beratungsstrategien angewendet werden, individuell auf den Veränderungsprozess abgestimmt, Beratungsressourcen können gezielt eingesetzt werden. Das Modell des »Motivational Interviewing« sollte dabei integriert sein.

8.1 Therapieansätze

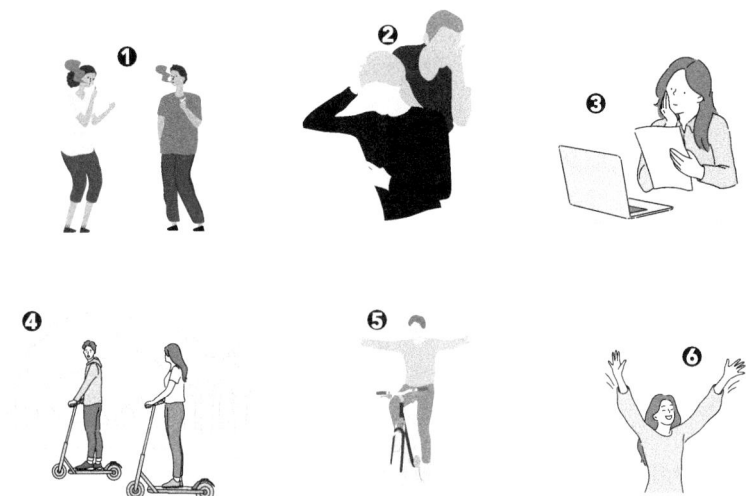

Abb. 8.4: Stufen der Verhaltensänderung

Stufen der Verhaltensänderung:

1. *Absichtslosigkeit (»precontemplation«):* Keine Intention, das problematische Verhalten in der nächsten Zeit (z. B. in den nächsten sechs Monaten) zu verändern.
2. *Absichtsbildung (»contemplation«):* Es wird überlegt, das problematische Verhalten in den nächsten sechs Monaten zu verändern.
3. *Vorbereitung (»preparation«):* Erste Schritte zur Veränderung wurden eingeleitet, das Zielverhalten wird in den nächsten 30 Tagen angestrebt.
4. *Handlung (»action«):* Das Zielverhalten wird seit weniger als sechs Monaten gezeigt.
5. *Aufrechterhaltung (»maintenance«):* Das Zielverhalten wird seit mehr als sechs Monaten beibehalten.
6. *Stabilisierung (»termination«):* Wie Aufrechterhaltung, jedoch keine situative Rückfallgefahr mehr vorhanden.

8 Interventionsplanung in Therapie und Prävention

Raucherinnen und Raucher, die sich in der Stufe der Absichtslosigkeit befinden, haben keine Intention, ihr Verhalten zu verändern.

Das Ziel einer Intervention wäre, dass Betroffene die Gesundheitsgefährdung ihres Rauchverhaltens erkennen, ihr Bewusstsein dafür geweckt wird. Ein emotionaler Bezug sollte hergestellt und kein Druck ausgeübt werden, da es eine Abwehrhaltung hervorrufen kann. Die Autonomie sollte gewahrt bleiben.

In dieser Phase werden Informationen vermittelt, z. B. Zusammenhänge zur bestehenden Folgeerkrankung des Rauchens, dabei wird an den Wissensstand der Person angeknüpft.

In der Stufe der Absichtsbildung setzen sich die Personen mit ihrem Risikoverhalten bewusst auseinander. Häufig sind die Personen sich über ihr problematisches Verhalten bewusst, können aber Änderungen gegenüber ambivalent sein.

Betroffene Personen profitieren in dieser Phase von der Unterstützung in der bewussten Auseinandersetzung mit den Vor- und Nachteilen, die eine Veränderung des Rauchverhaltens mit sich bringt. Die Gründe für die Rauchfreiheit werden gestärkt und ermittelt, die Selbstwirksamkeit erhöht.

Mit einem sogenannten »Zuversichtsrating« (► Abb. 8.5) kann die Überleitung in die Förderung der Änderungskompetenz vorbereitet werden.

»Wenn Sie sich jetzt entscheiden würden, mit dem Rauchen aufzuhören – wie zuversichtlich sind Sie, dass Sie es schaffen würden? Auf einer Skala von 1 bis 10, auf der 1 bedeutet: ›überhaupt nicht zuversichtlich, es zu schaffen‹, und 10 bedeutet: ›100 %ig zuversichtlich, aufhören zu können und NichtraucherIn zu bleiben‹, welchen Wert würden Sie sich im Moment selbst geben?« (Lindinger et al. 2006, S. 52).

In der Stufe der Vorbereitung sind die Personen sehr motiviert, mit einer Verhaltensänderung zu beginnen. Es wird eine feste Absicht geäußert, in den nächsten 30 Tagen das Ziel zu erreichen, und es sind bereits erste Schritte unternommen. Meist sind es Personen, die sich von Unterstützungsangeboten am ehesten angesprochen fühlen.

8.1 Therapieansätze

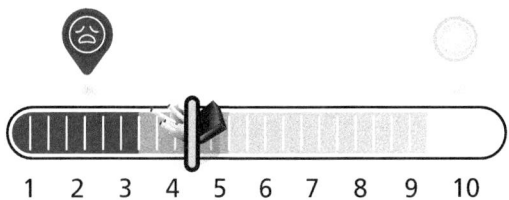

Abb. 8.5: Zuversichtsrating

In dieser Phase werden Unterstützungsmöglichkeiten wie z. B. auch vorhandene Ressourcen (z. B. familiäre Unterstützung) ermittelt sowie im Bedarfsfall die Anwendung von Nikotinersatz oder Medikamenten.

Befinden sich Personen in der Stufe der Handlung, so versuchen sie aktiv, das eigene problematische Verhalten zu verändern. Gleichzeitig geschehen in dieser Phase die meisten Rückfälle.

Ziel ist es für mehr als sechs Monate, die Verankerung der Gründe für die Rauchfreiheit und eine weitere Stärkung der Selbstwirksamkeit. Betroffene werden auf die ersten Erfolge aufmerksam gemacht und auf die Schritte, die ihnen am meisten geholfen haben.

Beraterinnen und Berater sollten in dieser Phase ehemalige Raucherinnen und Raucher in der Beibehaltung der neuen Gewohnheit unterstützen und den Umgang mit Rückfällen thematisieren.

In der Vergangenheit wurde der Rückfall als eigene Stufe betrachtet. Heutzutage geht man davon aus, diesen als integrativen Bestandteil des Modells zu betrachten. So wirken sich beispielsweise Bewegungsangebote günstig auf Entzugssymptome und Rückfälle aus.

Das transtheoretische Modell ermöglicht eine bedürfnisorientierte Begleitung in den einzelnen Interventionen.

Verhaltenstherapeutische Ansätze mit Pharmakologie zu kombinieren, sind effektive Interventionen in der Behandlung der Nikotinsucht.

8 Interventionsplanung in Therapie und Prävention

8.1.2 Die Kurzintervention

In vielen Studien konnte die Effektivität der Kurzintervention überprüft und belegt werden, die einen wesentlichen Beitrag zur langfristigen Abstinenz liefert (Fiore et al. 2008). Eine Ansprache von Rauchenden in einer Kurzberatung ist wirkungsvoller als keine Ansprache, wie zwei Metaanalysen mit strengen Auswahlkriterien zeigen (Stead et al. 2008; Bodner und Dean 2009). Die sogenannten »fünf As« bilden die Grundstruktur der Kurzintervention in der Primärversorgung (▶ Abb. 8.6). Sie sind wirksam und einfach umsetzbar.

Abb. 8.6: Die fünf As – Grundstruktur der Kurzintervention

Die fünf As:

1. *Abfragen* des Rauchstatus *(»Ask«)*: Systematische Erfassung aller Tabakkonsumentinnen und -konsumenten. Der Rauchstatus soll bei jedem Kontakt erfragt und dokumentiert werden.
2. *Anraten* des Rauchverzichts *(»Advise«)*: Empfehlung des Rauchstopps an alle Tabakkonsumentinnen und -konsumenten. Erörte-

rung der Vorteile eines Rauchstopps und der Risiken des Weiterrauchens.
3. *Ansprechen* der Aufhörmotivation und Evaluieren des Grades der Nikotinabhängigkeit: Erkennen der Bereitschaft, unmittelbar einen Rauchstopp zu vereinbaren, und Ermitteln der Stärke der Abhängigkeit.
4. *Assistieren* beim Rauchverzicht entsprechend der Motivation (*»Assist«*): Aktive Unterstützung beim Rauchstoppversuch.
5. *Arrangieren* der kurz- und langfristigen Nachbetreuung aller Raucherinnen und Raucher (*»Arrange follow-up«*): Vereinbarung von Nachfolgeterminen zur Rückfallprophylaxe.

8.1.3 Medikamente

Medikamente in der Tabakentwöhnung lindern die Entzugsproblematik. Es existiert langjähriges Studienmaterial zur Bestätigung der Wirksamkeit. Die bekannteste medikamentöse Therapie ist der Einsatz von Nikotinersatzprodukten, die Entzugserscheinungen in den ersten Monaten lindern. Die Behandlung hat das Ziel, den aufhörwilligen Tabakkonsumentinnen und -konsumenten Nikotin zur Verfügung zu stellen ohne die schädigenden Stoffe des Tabakrauchs. Zur Wirksamkeit der Nikotinersatzprodukte liegen ausreichend viele und qualitativ hochwertige, aktuelle Metaanalysen (Hartmann-Boyce et al. 2018) und Leitlinientexte (Fiore et al. 2008). Nikotinersatzprodukte unterstützen die Tabakabstinenz, die verfügbaren Medikamente werden jedoch nicht für Minderjährige empfohlen. Alle Nikotinersatzprodukte liefern nur Nikotin in pharmakologischer Qualität. Das Nikotinpflaster gibt über einen kontinuierlichen Zeitraum Nikotin ab, und es wird ein gleichbleibender Nikotinspiegel erreicht. Es wird Nikotin durch die Haut absorbiert, je nach Präparat wird es 16 bzw. 24 Stunden pro Tag verabreicht. Für die Dauer sind acht bis zwölf Wochen empfohlen.

Nikotin als Mundspray, Inhaler, Kaugummi oder Lutschtabletten hat eine schnellere Abfluggeschwindigkeit, und die Produkte können in Kombination oder separat angewendet werden. Während das Nikotinpflaster gleichmäßig Nikotin abgibt, können die oralen Nikotinpräparate in den Momenten angewendet werden, in denen erhöhter Bedarf besteht. Das ist in den häufigsten Fällen am Morgen kurz nach dem Aufstehen oder nach den Mahlzeiten.

Die Einnahme dieser Produkte kann einige Wochen bis mehrere Monate erfolgen. Die Nikotinersatztherapie eignet sich auch zur Reduktion des Rauchens.

Neben dem Nikotinersatz stehen weitere Medikamente als First-Line-Medikamente zur Behandlung der Nikotinsucht zur Verfügung: Zum einen Zyban® 150 mg mit dem Wirkstoff Bupropion (hydrochlorid) und Champix® 0,5 mg/1 mg mit dem Wirkstoff Vareniclin.

Beide Medikamente erhöhen wie auch der Nikotinersatz die Chance auf einen erfolgreichen Rauchstopp.

Für viele Raucherinnen und Raucher ist die antidepressive Wirkung des Nikotins von Bedeutung, weshalb sie Tabakkonsum als Selbstmedikation anwenden.

Nach einem Rauchstopp können vermehrt depressive Zustände auftreten. Antidepressiva wie Bupropion können diesen Symptomen entgegenwirken und eine hilfreiche Unterstützung darstellen.

Die Wirksamkeit von Vareniclin für die Nikotinentwöhnung wurde in mehreren Metaanalysen und kontrollierten randomisierten Studien belegt (Cahill et al. 2016; Smith et al. 2017). Vareniclin bindet mit hoher Affinität und Selektivität an den α4β2 neuronalen nikotinergen Acetylcholinrezeptor als partieller Agonist: Symptome des Verlangens und des Entzugs werden gemildert als auch antagonistische Aktivität, der belohnende und verstärkende Effekte des Rauchens werden blockiert. Aufhörwillige Personen schildern unter der Einnahme eine Lustlosigkeit zu rauchen.

Bupropion sowie Vareniclin werden über einen Zeitraum von drei Monaten eingenommen mit einer geringeren Anfangsdosierung von einer Woche, dann einer Erhaltungsdosis für 7 bis 12 Wochen.

Aufhörwillige Raucherinnen und Raucher sollten während der Einnahme begleitet werden aufgrund von Nebenwirkungen und Verträglichkeit (zentrale Übelkeit).

8.1 Therapieansätze

> **Merke:** Zur Linderung anfänglicher Entzugserscheinungen nach dem Rauchstopp stehen bewährte und evidenzbasierte medikamentöse Hilfsmittel und Nikotinersatz zur Verfügung. Eine pharmakologische Therapie zusammen mit einer begleitenden Nikotinberatung ist eine effektive und hilfreiche Methode zur Tabakentwöhnung und erhöht die Chance auf den Erfolg.

8.1.4 Rauchlose Tabakprodukte

Rauchlose Tabakprodukte wie Kau-, Lutsch- und Schnupftabak und nikotinfreie Zigaretten sollten nicht in der Tabakentwöhnung angeboten werden, da jede Form gesundheitsschädlich ist. Sie verursachen Krebs im Mundbereich, erhöhen das Risiko für Bauchspeicheldrüsenkrebs und Herz-Kreislauf-Erkrankungen, gefährden die Schwangerschaft und das Ungeborene und schädigen Zahnfleisch und Zähne.

Besonders werden Jugendliche von der Tabakindustrie mit rauchlosen Tabakprodukten beworben. Es gibt verschiedene Produkte:

- Schnupftabak ist ein Produkt, das in einer Prisengröße von 30–50 mg in die Nase eingezogen, »geschnupft« wird, verbreitet bei Männern.
- Kautabak wird gekaut und ist meist mit besonderen Flüssigkeiten behandelt, die Aroma-, Farb- und Konservierungsstoffe enthalten. 1938 betrug die Kautabakproduktion 125 Millionen Packungen (Rote Reihe Tabakprävention und Tabakkontrolle 2006, S. 12). Heutzutage spielt diese Form eine untergeordnete Rolle.
- Lutschtabak wird zwischen Unterlippe und Zahnfleisch oder zwischen Zahnfleisch und Mundschleimhaut geklemmt, wo er 30 Minuten verbleibt. Snus, eine schwedische Form der Tabaklutschtablette, wird in der Backentasche deponiert. Der niedrige Gehalt von Nikotin wird meist von Einsteigenden benutzt, stark nikotinhaltige Produkte von eher älteren langjährigen Tabakkonsumen-

tinnen und -konsumenten. Vor allem im skandinavischen Raum wird Snus konsumiert.

Aufgrund erfolgreicher Tabakpräventionsmaßnahmen entschließen sich immer mehr Tabakkonsumierende, mit dem Rauchen aufzuhören.

Die Tabakindustrie entwickelt neue Strategien, um ihre Kundschaft zu halten. In den 1970er-Jahren wurde das Image der rauchlosen Tabakprodukte im amerikanischen Markt beworben als »gesündere« Variante des Rauchens. Ähnliche Strategien kann man heutzutage beobachten in der Vermarktung der E-Produkte mit und ohne Nikotin als Alternative zum Rauchen.

Zusatz- und Aromastoffe werden aber nicht nur in rauchlosen Tabakprodukten wie dem Kautabak verwendet. Einige 100 Zusatzstoffe werden von der Tabakindustrie den Zigaretten hinzugefügt, wie z. B. Kakao, Honig. Die Bitterkeit des Nikotins wird somit überlagert und der Rauchgeschmack als angenehmer empfunden. Die Produkte erlangen dadurch an Attraktivität.

Das Beispiel der Mentholkapseln in Zigarettenfiltern verdeutlicht es sehr gut. Das Deutsche Krebsforschungszentrum (2012) fasst es in seinen Kernaussagen der Broschüre »Mentholkapseln in Zigarettenfiltern – Erhöhung der Attraktivität eines gesundheitsschädlichen Produkts« sehr gut zusammen:

> »Menthol hat einen charakteristischen Geruch und Geschmack sowie eine kühlende, schmerzlindernde und leicht betäubende Wirkung. Beim Rauchen überdeckt es die unangenehmen Eigenschaften des Tabakrauchs und ermöglicht eine tiefere Inhalation. Als Zusatzstoff hat Menthol eine besondere Bedeutung, weil es nicht nur in Zigaretten, die mit dem Namenszusatz ›Menthol‹ verkauft werden, als Zusatzstoff verwendet wird, sondern auch in den meisten anderen Zigaretten in geringen Mengen enthalten ist. Durch seine vielfältigen physiologischen Wirkungen erhöht der Zusatzstoff Menthol die Attraktivität von Zigaretten und trägt dazu bei, dass Kindern und Jugendlichen der Einstieg ins Rauchen erleichtert und aufhörwilligen Raucherinnen und Rauchern der Rauchstopp erschwert wird. Damit werden gesundheitsgefährdende Produkte noch gefährlicher gemacht. Zigaretten mit

Mentholkapseln, die es den Konsumentinnen und Konsumenten ermöglichen, den Geschmack der Zigarette zu einem beliebigen Zeitpunkt während des Rauchens zu verändern, werden in den letzten Jahren in immer mehr Ländern auf den Markt gebracht; die Zielgruppe dieser Produkte sind junge Menschen. Die Technologie ermöglicht es, nicht nur Menthol, sondern auch viele andere Geschmacks- und Aromastoffe in den Kapseln zu verwenden, sodass die Produktpalette fast beliebig erweitert werden kann. Kapseln in Filtern von Zigaretten, die Geschmacksstoffe enthalten, erhöhen die Attraktivität dieser gesundheitsschädlichen Produkte und wirken dem gesundheitspolitischen Ziel, den Tabakkonsum zu verringern, entgegen. Studien aus den USA und Japan zeigen, dass Mentholzigaretten besonders bei jungen Menschen weit verbreitet sind und dass jugendliche Raucheinsteiger oft zu diesen Produkten greifen. In vielen Ländern, in denen Zigaretten mit Mentholkapseln erhältlich sind, vergrößerten sich die Marktanteile dieser Produkte nach ihrer Einführung rasch. Zigaretten, die Mentholkapseln enthalten, tragen aller Voraussicht nach zu einer weiteren Verbreitung des Tabakkonsums insbesondere unter Kindern und Jugendlichen bei und sollten daher verboten werden.« (Deutsches Krebsforschungszentrum 2012, S. 9).

8.1.5 Wasserpfeife

»Die Wasserpfeife (Shisha, Narghile, Hookah) besteht aus einem Wassergefäß (Bowl), einer Rauchsäule, einem Kopf und einem Schlauch mit Mundstück. In den Kopf wird spezieller Wasserpfeifentabak gelegt, darüber perforierte Alufolie gespannt und obenauf glühende Kohle platziert. Der beim Verschwelen des Tabaks entstehende Rauch wird durch das Wasser geleitet und über den Schlauch inhaliert. Der Tabak kann durch Kräutermischungen, Früchte oder aromatisierte Steine (Shiazo-Steine), Gels oder Flüssigkeiten ersetzt werden, und anstelle von Kohle kann eine elektronische Heizquelle zum Einsatz kommen.« (Deutsches Krebsforschungszentrum 2018, S. 1).

Der Rauch von Wasserpfeifentabak enthält neben Nikotin zahlreiche schädliche Substanzen.

Beim Rauchen von Wasserpfeifentabak nehmen die Konsumentinnen und Konsumenten ähnlich viel oder sogar mehr Nikotin auf als beim Zigarettenrauchen. Shisha-Raucherinnen und -Raucher zeigen dieselben Entzugssymptome und dieselben Schwierigkeiten, den Konsum einzustellen, wie Zigarettenrauchende (Aboaziza und Eissenberg 2015; WHO 2015).

Bei Jugendlichen können Entzugssymptome schon bei wöchentlichem Konsum auftreten, wobei das Risiko, Abhängigkeitssymptome zu entwickeln, steigt, je häufiger und je mehr Wasserpfeifen geraucht werden und je länger die einzelnen Sitzungen andauern (Deutsches Krebsforschungszentrum 2018).

Die Attraktivität der Wasserpfeife ist in den letzten Jahren ebenso vor allem bei Jugendlichen gewachsen.

Rauchende Jugendliche unterschätzen die Suchtwirkung des Nikotins und überschätzen ihre Fähigkeiten, jederzeit mit dem Rauchen aufhören zu können. Folgeerkrankungen sind für sie nicht fassbar und wirken nicht bedrohlich.

8.1.6 Spezifische Genderansätze in der Therapie der Tabakentwöhnung

Generell sollten bei der Behandlung der Tabakabhängigkeit Gender, soziale Schicht und ethnische Zugehörigkeit der Zielgruppe(n) keine Benachteiligung erfahren. Wichtiger ist die Berücksichtigung der individuellen psychologischen, biologischen und sozialen Aspekte bei allen unterschiedlichen Zielgruppen.

»Männer scheinen häufiger nach ihrem Rauchverhalten gefragt zu werden und häufiger den Ratschlag für einen Rauchstopp zu erhalten als Frauen« (Zitat aus der Präsentation »Genderspezifische Ansätze in der Tabakentwöhnung« von Iris Torchalla 2007).

Verglichen mit Männern haben Frauen mehr Erwartungen an stimmungsregulierende Wirkungen des Nikotins (Cepeda-Benito und Reig-Ferrer 2000; Ward et al. 1997; Wetter et al. 1999), eine geringere Zuversicht, bei negativen Gefühlen nicht zu rauchen (Etter et al. 2002) sowie ein höheres Ausmaß an Stress nach dem Rauchstopp (Wetter et al. 1999). Beinahe jede dritte Raucherin möchte in den nächsten sechs Monaten aufhören.

Zwischen 25 und 34 Jahren planen mehr Frauen als Männer innerhalb eines Monats einen Rauchstopp. Die Motivation dafür kann ein Kinderwunsch, eine Schwangerschaft oder das Zusammenleben mit Kleinkindern sein. Unabhängig vom Alter denken vor allem tägliche Raucherinnen und solche, die Mühe mit dem Atmen haben, ans Aufhören. Aber auch Frauen, die sich bewusst gesund ernähren, beabsichtigen häufiger, aus der Nikotinabhängigkeit auszusteigen.

Besonders Frauen haben Bedenken, dass sie an Gewicht zunehmen bei einem Rauchstopp. Das Rauchen löst am Anfang keine Gewichtsabnahme aus, führt aber mit den Jahren zu einer geringeren Gewichtszunahme. »Zehn Jahre nach einem erfolgreichen Rauchstopp wiegen Frauen durchschnittlich 5,0 kg mehr als vor dem Rauchstopp und Männer durchschnittlich 4,4 kg« (Deutsches Krebsforschungszentrum 2011).

Alternative Verhaltensweisen und Umstellungen in der Ernährung sollten individuell empfohlen werden. Eine Ernährungsberatung im Einzelfall kann die Kompetenzen der Person im Rauchstoppprozess unterstützen.

Je mehr eine Raucherin oder ein Raucher das eigene Rauchverhalten einschätzen kann, z. B. wo Stolpersteine sind, in welchen Situationen das Verlangen zu rauchen größer ist, desto besser können sich diese Personen auf den Rauchstopp und die Zeit danach vorbereiten und auch erkennen lernen, in welchen Situationen es zu einem Rückfall kommen könnte. Ziel ist es, sich des eigenen Rauchverhaltens bewusst zu werden, die Realität entsprechend zu erkennen und zu analysieren. In der Praxis haben sich sogenannte »Selbstkontrollblätter« bewährt, in denen die aufhörwilligen Raucherinnen und Raucher ihr Rauchverhalten tagebuchähnlich aufschreiben in einem Zeitraum von vier bis sieben Tagen (zwei Wochentage, Wochenende). Jede Zigarette wird protokolliert, bevor die jeweilige Zigarette angezündet wird. Die Anzahl der Zigaretten, Uhrzeit, Wichtigkeit auf einer Skala von 1–5, Stimmung oder Grund und Gesellschaft sollen notiert werden.

8.1.7 Intervention bei Rückfällen

Alle aufhörwilligen Tabakkonsumierenden sollten in der Behandlung Strategien im Umgang mit Rückfällen kennenlernen.

Man unterscheidet drei Phasen des Rückfalls, die kontinuierlich ineinander übergehen können. Vom einmaligen Ausrutscher *(slip)*, bei dem einige Züge nach einer Abstinenzphase geraucht werden, bis zu mehreren Ausrutschern *(lapses)*, die dann in ein tägliches Rauchen *(relapse)* führen. Raucherinnen und Raucher erleben in der Regel mehrere Rauchstoppversuche. Der Rückfall sollte daher thematisiert werden. Ziel ist es, auf Ressourcen und Möglichkeiten hinzuweisen, die eine Absicherung der Abstinenz unterstützen.

Entzugssymptome sollten in der Vorbereitung und Planung des Rauchstopps thematisiert werden. Es können u. a. auftreten: Reizbarkeit, depressive Verstimmungen, Schlafstörungen, Müdigkeit, Hungergefühle, Verstopfung.

In erster Linie heißt es, das Selbstvertrauen der Patientinnen und Patienten zu stärken. Es ist wichtig, dass der Fokus auf die positiven, wesentlichen Dinge gelegt wird wie körperliche Verbesserungen und Heilungen nach dem Rauchstopp, statt weitere mögliche negativen Folgen in den Vordergrund zu stellen, die das Gefühl der Angst und negativer Gemütslage verstärken können.

Als häufiger Grund für einen Rückfall wird oft »Stress« genannt, z. B. im Zusammenhang mit beruflicher Belastung, Emotionen werden durchs Rauchen reguliert.

Wenn sich Betroffene in der Praxis selbst als »Stressraucher« oder »Stressraucherin« bezeichnen, ist es wichtig, in der Rückfallprophylaxe die Äußerungen zu berücksichtigen. Emotionsregulierende Bewältigungsstrategien können in der Vorbereitung des Rauchstopps integriert werden.

Die sogenannte »Pausenzigarette« dient der Belohnung und Entspannung. In der Behandlung der Tabakabhängigkeit ist es notwendig, dass Elemente aus dem »alten Verhalten« ins neue Verhalten integriert werden. Welche Möglichkeiten kennen die Klientinnen und Klienten noch außer der Zigarette, um sich zu entspannen, was davon können sie als Alternative einsetzen, was könnten sie sich an neuen Möglichkeiten aneignen? Reizüberflutungen können ein erhöhtes Stressempfinden auslösen. Informationen aus der Umwelt werden über die Sinneskanäle wahrgenommen, abhängig von der Art der Information und vom bevorzugten Wahrnehmungskanal: kinästhetisch, auditiv, visuell, wobei der visuelle am stärksten ausgeprägt ist.

In Entspannungsübungen, in denen das Vorstellungsvermögen angeregt wird, ist die Verknüpfung von Wörtern und Bildern daher am stärksten.

Assoziationen, sogenannte Eselsbrücken, können helfen, sich an einen entspannten Zustand zu erinnern, und geben Sicherheit, wie z. B. das Wort »Pausenzigarette, das jedoch nun für aufhörwillige Stressraucherinnen und Stressraucher zum Stolperstein wird. Diese »Pausenzigarette« kann mit den inneren Bildern und Gefühlen verknüpft sein, z. B. eine Arbeitssituation wie Büro oder Meeting zu verlassen, um sich an einen Platz zu begeben, oft außerhalb des Gebäudes oder in einen Pausenraum und sich in dem Moment losgelöst zu fühlen und frei.

In der Analyse des Rauchverhaltens spielt es daher eine Rolle, herauszufinden, was an solchen »Pausenzigaretten« noch von Relevanz ist, außer »nur« die Zigarette zu rauchen. Der Platzwechsel, somit auch Perspektivenwechsel der Situation, kann von Bedeutung sein, oder auch eine entspannte Haltung einzunehmen in einer entsprechenden Sitzposition.

In der Praxis schilderte eine Klientin, dass sie immer, wenn sie eine Zigarette raucht, ihre Beine hochlegt. In der Beratung wurde ihr bewusst, dass sie diese Haltung auch ohne das Rauchen einnehmen könnte und ihr der Moment wichtiger war, als »nur die Zigarette« zu rauchen.

Es lohnt sich, mit den Klientinnen und Klienten die verschiedenen Alltagssituationen durchzuspielen und zu reflektieren. Je bewusster ihnen das eigene Rauchverhalten vor dem Rauchstopp wird, desto einfacher ist es für sie, mit rückfallgefährdeten Situationen umzugehen.

Die Klientinnen und Klienten führen ihre eigene Regie und schreiben ihr Drehbuch für ihren Weg in die Rauchfreiheit selbst. Dabei kann ein Satz wie die »Pausenzigarette« umformuliert werden z. B. in »Entspannungspause«.

Eine hilfreiche, zu empfehlende, effektive und leicht erlernbare Entspannungsform ist die 1934 vom amerikanischen Physiologen Edmund Jacobson entwickelte progressive Muskelentspannung. Das Prinzip ist ein Wechsel zwischen systematischem Anspannen und anschließendem Entspannen von verschiedenen Muskelgruppen, wobei eine tiefe körperliche Entspannung erreicht und das seelische Wohlbefinden gefördert wird. Betroffene lernen, alle Muskeln des Körpers in bestimmter Reihenfolge anzuspannen und zu lockern und gleichzeitig die Empfindungen, die bei der Spannung und Entspannung auftreten, wahrzunehmen. Dies bewirkt unter anderem eine Verbesserung der eigenen Körperwahrnehmung, reduziert körperliche Anzeichen von Unruhe und Anspannung, fördert die Stresskompetenz und hebt das Wohlbefinden.

Eine weitere Ursache neben dem Stressempfinden ist eine mögliche Gewichtszunahme. Raucher und Raucherinnen haben einen höheren Energiebedarf (höhere Metabolisierungsrate). Aufgrund der erhöhten Herzfrequenz, des erhöhten Blutdrucks und der erhöhten Fettverbrennung verbrauchen Rauchende durchschnittlich 5 % mehr Energie als Nichtrauchende (das entspricht ca. 200–400 kcal).

Bei einem Rauchstopp werden wieder weniger Kalorien verbraucht. Der Körper nimmt an Gewicht zu. Wichtig ist dabei, den Klientinnen und Klienten die Zusammenhänge zu erklären.

Eine weitere Ursache der Gewichtszunahme ist der Ersatz des Nikotins, z. B. mit verstärkt zuckerhaltigen Lebensmitteln. Oftmals entwickeln Raucherinnen und Raucher nach dem Rauchstopp »Gelüste« nach Süßem, obwohl sie, während sie rauchten, kein vermehrtes Verlangen danach hatten.

Die Erfahrung in der Beratungspraxis zeigt, dass Raucherinnen und Raucher häufig berichten, dass ihnen anstelle einer Morgenmahlzeit die Zigarette und der Kaffee ausreicht. Hilfreich sind Empfehlungen, das Frühstück nun bewusst einzusetzen, idealerweise mit Lebensmitteln, die den Blutzuckerspiegel langsam ansteigen lassen und sättigend wirken.

Da Geschmacks- und Geruchssinn nach dem Rauchstopp wieder verstärkt wahrgenommen werden, besteht ebenfalls die Möglichkeit der Gewichtszunahme.

Eine Umstellung der Ernährung sowie vermehrte körperliche Bewegung helfen dabei, das Gewicht im Griff zu halten. Um das Gewicht nach einem Rauchstopp zu stabilisieren, unterstützen individuelle kognitive Verhaltenstherapien, individualisierte Pläne zur Gewichtskontrolle.

Sollten die Bedenken wegen einer Gewichtszunahme sehr groß sein, oder eine starke Gewichtszunahme wurde schon einmal in einem Versuch in der Vergangenheit erlebt, so ist es daher sinnvoll, eine Ernährungsberatung zu empfehlen.

Das Thema Bewegung und vermehrte Aktivität zur Linderung des Nikotinentzugs hat auch einen positiven Einfluss auf die Gewichtszunahme und auf den Abbau des vermehrten Stressempfindens.

Ein Abstinenzerfolg könnte auch mit der Einbeziehung von Partnern/Familienangehörigen erhöht werden. Angehörige bzw. Partner von Raucherinnen und Rauchern wollen in der Regel die aufhörwilligen Tabakkonsumenten unterstützen. Oft leiden diese auch mit, gerade wenn Folgeerkrankungen vorhanden sind. Wissenschaftlich ist die Wirksamkeit durch die Unterstützung der Partner unzureichend und nicht nachgewiesen.

> **Merke:** Die Stabilisierung der Tabakabstinenz ist eine wichtige Phase. Klassische Konditionierungsmechanismen des Rauchens im Alltag wie z. B. Kaffee und Zigarette können zu einem Rückfall führen. In dieser Zeit ist eine Begleitung und Unterstützung genauso wichtig, wie vor dem Rauchstopp. Interventionen, die die Selbstwirksamkeit erhöhen, sind sinnvoll. Entsprechende Situationen, die zu einem Rückfall führen könnten, sollten in der Vorbereitung des Rauchstopps besprochen werden, um Alternativen und Strategien zu entwickeln.

8.1.8 Interventionen für eine Reduktion des Tabakkonsums

Personen mit einer niedrigen Aufhörmotivation und schädlichem oder abhängigem Tabakkonsum kann alternativ die Reduktion des Tabakkonsums empfohlen werden. Die Folgeschäden sollen gemindert werden *(harm reduction)* durch kontrolliertes Rauchen.

Dies gilt für Personen mit Erkrankungen wie beispielsweise chronisch-obstruktiven Lungenerkrankungen oder schweren kardiovaskulären Erkrankungen. Der Rauchstopp sollte immer oberste Priorität haben.

Auch eine Reduktion sollte wertgeschätzt werden in der Behandlung, um die Selbstwirksamkeit der aufhörwilligen Raucherinnen und Raucher zu erhöhen.

Die Erfahrung in der Praxis zeigt, dass der Tabakkonsum in den meisten Fällen vor einem Rauchstopp automatisch durch die bewusste Auseinandersetzung mit dem Rauchverhalten eingeschränkt wird.

Ob eine Nikotinersatztherapie zur Reduktion des Tabakkonsums hilfreich ist, wurde in der Cochrane Metaanalyse »Interventions to reduce harm from continued tobacco use« (Lindson-Hawley et al. 2016) untersucht. Ausgewertet wurden 24 randomisierte kontrollierte Studien. Die Zusammenfassung ergab, dass Nikotinersatz helfen kann, die tägliche Anzahl an Zigaretten zu verringern und einen Rauchstopp zu erreichen.

8.1.9 Entzugserscheinungen

Erfahrungen in der Nikotinberatung zeigen, dass Bedenken der Rauchenden vor möglichen Entzugserscheinungen ein Grund sein können, erst gar keinen Versuch eines Rauchstopps zu unternehmen – aus Angst vor starker Nervosität oder auch aggressivem Verhalten in der Umwelt.

Genauso spielen eigene Erfahrungen eine Rolle aus letzten Rauchstoppversuchen, in denen man »unausstehlich« wurde und die Partner oder Familienmitglieder darum baten, dass die Betroffenen wieder mit dem Rauchen beginnen sollten. Diese Aussagen sind nicht selten, und man sollte diese in der Beratung berücksichtigen. Gegebenenfalls können auch die Familienmitglieder in die Beratung eingebunden werden. In der Regel sind sie bereit, zu unterstützen.

Entzugssymptome äußern sich in starkem Rauchverlangen und körperlicher Unruhe, geringerer Frustrationstoleranz und veränderten Stimmungslagen aufgrund der körperlichen Nikotinabhängigkeit.

Sie können jedoch vom Schweregrad unterschiedlich sein, nicht jede aufhörwillige Person erlebt eine gleich starke Entzugsproblematik.

Der Fagerströmtest gibt die ersten Hinweise, was bei einem Rauchstopp erwartet werden kann.

Auf diese Problematik sollten aufhörwillige Raucherinnen und Raucher aufmerksam gemacht werden, um sich dementsprechend vorzubereiten, z. B. Rauchstopp mit medikamentöser Begleittherapie, Nikotinersatz.

1. Es fällt die orale Befriedigung weg. Die möglichen Folgen davon sind mehr Appetit, zugleich ist der Grundumsatz um rund 200–400 kcal verringert, wodurch eine Gewichtszunahme möglich ist (max. 3–10 kg).
2. Die Stimulanz (Anregung) fehlt. Die möglichen Folgen davon sind: Blutdruckabfall, Müdigkeit, Unlust, Kopfschmerzen, Konzentrationsprobleme und Verdauungsbeschwerden.
3. Die Beruhigung durch die Zigarette fehlt. Die möglichen Folgen davon sind: Gereiztheit, Unruhe, Nervosität, Frustration und Schlafstörungen.

Für eine mögliche Linderung des Entzugs werden folgende Bewältigungsstrategien bei entsprechenden Entzugssymptomen empfohlen (Kröger und Lohmann 2007, S. 71):

8 Interventionsplanung in Therapie und Prävention

Maßnahmen bei Entzugserscheinungen:

Kopfschmerzen

- viel Flüssigkeit aufnehmen
- Pfefferminzöl auf die Stirn reiben
- Entspannungsübungen durchführen
- sich massieren lassen

Kreislaufprobleme

- viel Flüssigkeit aufnehmen
- viel Bewegung, möglichst an der frischen Luft
- Kneipp-Güsse machen
- bei starken Beschwerden den Arzt aufsuchen

Müdigkeit

- mehr schlafen
- bewegen an frischer Luft
- duschen

Konzentrationsmangel

- Pausen einlegen
- Entspannungsübungen durchführen
- bewegen
- knifflige Aufgaben an den ersten Tagen vermeiden

Verstopfung

- viel Flüssigkeit aufnehmen
- ballaststoffreich ernähren
- von Arzt oder Apotheker beraten lassen
- bewegen

- bisherige Rituale im Zusammenhang mit der Verdauung beibehalten

Übellaunigkeit

- andere informieren und um Verständnis bitten
- sich verwöhnen oder verwöhnen lassen
- ablenken
- aufschreiben, was schlechte Laune verursacht
- frustrierende Tätigkeiten meiden
- Entspannungsübungen durchführen

Nervosität

- Entspannungsübungen durchführen
- viel bewegen
- ablenken

Verspannungen

- Entspannungsübungen durchführen
- Massage in Anspruch nehmen
- Entspannungsbäder machen
- in die Sauna gehen
- Gymnastik machen
- Yogaübungen ausführen
- schwimmen

Schlafstörungen

- tagsüber viel bewegen
- Entspannungsübungen durchführen
- Einschlafrituale entwickeln
- Grübelgedanken aufschreiben
- lesen oder Hörbücher hören

Weitere andere Methoden zur Linderung der Entzugsproblematik sind u. a. die Akupunktur und die Hypnotherapie.

Akupunktur

Die Akupunktur ist eine attraktive Methode unter Raucherinnen und Rauchern und sehr bekannt. Die Datenlage zur Akupunktur hat einen schwachen spezifischen Effekt auf die Entzugssymptomatik.

Hypnotherapie

Hypnotherapie ist ein therapeutisches belegbares Verfahren. »Speziell für die Indikation ›Rauchentwöhnung‹ bekam die Hypnotherapie im März 2006 vom Wissenschaftlichen Beirat Psychotherapie die Bewertung als wissenschaftlich anerkanntes Verfahren« (Schweizer 2009, S. 62).

8.1.10 Mobile Entwöhnungsdienste

Computergestützte Verfahren und Tabakentwöhnung im Internet haben in den letzten Jahren zugenommen, nationale Quitlines existieren demgegenüber schon länger. Sie sind wirksam und auch in Studien schon belegt (Whittaker et al. 2012).

In der Schweiz ist die nationale Nummer der Rauchstopplinie auf jeder Zigarettenpackung zu finden. Es ist somit ein niederschwelliges Angebot. Aufhörwillige Raucherinnen und Raucher können sich täglich oder, wenn die Linie besetzt ist, von 10 bis 20 Uhr beim Kundendienst sowie außerhalb der Öffnungszeiten via Voicemail für einen kostenlosen Rückruf anmelden. Es ist ebenfalls möglich, sich mittels eines Anmeldeformulars auf der Website anzumelden für einen Rückruf. Das Erstgespräch ist kostenpflichtig. Alle Folgegespräche sind kostenlos.

In einem Pilotprojekt 2011 wurden Patientinnen und Patienten der Nikotinberatung der Schweizer Klinik Barmelweid nach einer begleitenden Beratung im Rauchstoppprozess an die Rauchstopplinie Schweiz als Nachbetreuung überwiesen. Die nachfolgenden Ausführungen sind im Abschlussbericht beider Kooperationspartner beschrieben (Abbühl und Koalick 2015).

Die Nikotinberatung wies der Rauchstopplinie Patienten und Patientinnen zu, die während ihres stationären Aufenthalts in der Klinik rauchfrei wurden oder sich im Aufhörprozess befanden, zur Nachbetreuung und Stabilisierung. Im Pilotprojekt von August 2011 bis Dezember 2013 wurden 84 Personen zugewiesen. Die Erreichbarkeit lag bei 85 %, sechs Personen wollten keine Beratung. Von den 65 Personen, die schließlich beraten wurden, nahmen 17 % eine einmalige Beratung in Anspruch, 83 % hingegen wurden mit Folgegesprächen intensiver begleitet. Insgesamt wurden 205 Beratungsgespräche durchgeführt. Angewendete Sprachen im Pilotprojekt waren Deutsch, Italienisch, Albanisch, Serbisch/Kroatisch/Bosnisch, Spanisch und Türkisch.

Die Abstinenz bei Beratungsende lag bei 51 %. Bei den Noch-Rauchenden hatten 39 % ihren Konsum um mehr als die Hälfte reduziert. Am Schluss der Beratungen wurden die Exraucherinnen und Exraucher – die meisten mit chronischen Erkrankungen – jeweils gefragt, wie sich der Rauchstopp auf ihr gesundheitliches Befinden ausgewirkt habe. Sie konnten einen Wert auf einer Likert-Skala von 1 bis 10 angeben. Der Wert 5 bedeutet »gleich wie vorher«. Der durchschnittliche Wert lag bei 6,6. Bei der Nachbefragung nach einem Jahr waren drei von fünf erreichten Personen rauchfrei.

Das Projekt ist zu einem integrierten Angebot der Klinik Barmelweid und der Rauchstopplinie geworden und weitere Kliniken haben es übernommen.

Die Patientinnen und Patienten geben schriftlich ihr Einverständnis zur telefonischen Kontaktaufnahme und zur Weitergabe von Daten zu Diagnose und Raucherstatus sowie zum Feedback der Rauchstopplinie über den Beratungsverlauf an die Klinik. Nach Entlassung aus der Klinik werden die zugewiesenen Personen während ein bis drei Monaten mit vier bis zwölf proaktiven Rückrufen durch die Rauchstopplinie weiter begleitet. Durch diese Kooperation können Patientinnen und Patienten der Klinik eine intensive Ausstiegsbehandlung von bis zu sechs Monaten in Anspruch nehmen. Diese erfolgt ohne Zusatzkosten für die Klinik und die beratenen Personen. Nach Beendigung der Gespräche erhält die Nikotinberatung der Klinik ein schriftliches Feedback über den Raucherstatus und den Beratungsverlauf. Die Schlussauswertung erfolgt durch die Nikotinberatung der Klinik mittels telefonischer Nachbefragung.

Für viele Patienten und Patientinnen ist die Klinik erwiesenermaßen ein idealer Ort, um mithilfe von Nikotinberatung und dank der rauchfreien Umgebung abstinent zu werden oder erste Rauchstoppversuche zu unternehmen. Die Rückkehr nach Hause und die damit verbundenen Gewohnheiten können eine Risikosituation für einen Rückfall darstellen. Vor der Entlassung aus der Klinik äußern beratene Personen denn auch oft den Wunsch, weiterhin betreut zu werden. Eine umfangreiche Metaanalyse der Cochrane-Arbeitsgruppe um Rigotti et al. (2008) zu Tabakentwöhnung im Krankenhaus zeigte, dass eine intensivere Ausstiegsbehandlung – d. h. eine mindestens 30-minütige Beratung während des Krankenhausaufenthalts und danach telefonische Folgekontakte durch eine Quitline für mindestens vier Wochen – die Ausstiegschancen nach sechs und zwölf Monaten deutlich erhöhen konnte. Ein entscheidender Faktor scheint dabei die Nachbetreuung nach dem Setting »Spital« zu sein.

Die Patienten und Patientinnen, die von den Beratungen an die Rauchstopplinie überwiesen wurden, nehmen das Angebot generell sehr gut an. Sie sind bereit, die Einverständniserklärung nach ausführlicher Erläuterung durch die Nikotinberatung der Klinik zu unterschreiben, und sie sind ausreichend aufgeklärt über das, was sie erwartet. Sie betrachten das Angebot als Wahlmöglichkeit zur Stabilisierung ihres Rauchstoppprozesses. Die Patientinnen und Patienten sind in der Regel gut erreichbar, erwarteten den Anruf zum Teil bereits und verhalten sich kooperativ. Da bereits eine Beratung in der Klinik stattgefunden hat, können die die Beratungspersonen der Rauchstopplinie darauf aufbauen.

Im Projekt (Abbühl und Koalick 2015) mit der Klinik Barmelweid waren mehr als die Hälfte der Raucherinnen und Raucher in der Lage, rauchfrei zu bleiben oder zu werden. Durch die längerfristige und kontinuierliche Begleitung waren weitere Verhaltensänderungen auch zu Hause möglich. Die Patientinnen und Patienten der Nikotinberatung der Klinik Barmelweid waren in der Regel langjährige Raucherinnen und Raucher, die schon mehrere Rauchstoppversuche hinter sich hatten und unter den Folgeerkrankungen litten. Oft handelte es sich um langwierige Versuche auf dem Weg in die Rauchfreiheit.

Beispiel Herr M.
Herr M. war stationärer Patient mit schwerer COPD und starker Tabakabhängigkeit. Er hat schon oft versucht, mit dem Rauchen aufzuhören. Die Pflegenden auf der Station haben ihn aber als »hoffnungslosen Fall« aufgegeben. Durch die Kooperation zwischen Barmelweid und der Rauchstopplinie gelang es Herrn M. schließlich, nach dem Spitalaustritt aufzuhören und die Abstinenz zu stabilisieren. Dazu waren über einen Zeitraum von mehr als einem Monat sieben Gespräche erforderlich.

Die inhaltlich aussagekräftigen Rückmeldungen der Beraterinnen und Berater werden in Evaluationen und Verbesserungen jeweils einbezogen. Die Berichte geben Hinweise auf Motivationen und Hindernisse beim Aufhörprozess der begleiteten Personen. Alle Beraterinnen und Berater der Rauchstopplinie sind zu den häufigsten Krankheitsbildern der Patientinnen und Patienten geschult. Dies erleichtert den Einstieg in die Gespräche und das Verständnis für die individuelle Situation der Patienten und Patientinnen.

Die Zuweisung an die Rauchstopplinie kann im Austrittsgespräch in der Klinik gut thematisiert werden und ist mit den vorhandenen Formularen wie Einverständniserklärung und Onlineformular leicht umzusetzen.

Der Informationsaustausch (Zuweisungen und Feedback) zwischen den beiden Institutionen erfolgt ausschließlich elektronisch. Es handelte sich um ein ressourcenschonendes und kostengünstiges Angebot der Beratung. Für Patientinnen und Patienten fallen keine

Kosten an, da die Anrufe durch die Rauchstopplinie kostenfrei erfolgen.

Bereits in der Klinik erzielte Abstinenzerfolge können durch die Weiterführung der Beratung durch die Rauchstopplinie gesichert werden.

»Blendend« und damit verbundene Online-Beratungsdienste werden in der Zukunft verstärkt Einzug nehmen. »Blendend« heißt, dass der Kontakt ebenso wie bei der Telefonberatung nicht in einem Face-to-Face-Kontakt stattfindet, sondern im virtuellen Raum. Dazu gehören E-Mail-, Chat- und Video-Formate. Es kann ein gutes Ergänzungsangebot sein. Zum Beispiel könnte ein Erstgespräch im Face-to-Face-Kontakt stattfinden und weitere online. Für Klientinnen und Klienten, die einen weiteren Anfahrtsweg benötigen zu einer ambulanten Beratung, bieten diese Dienste Möglichkeiten, den Kontakt aufrechtzuerhalten. Beispiele in der Suchtberatung existieren schon, so z. B. die Plattform SafeZone.ch – Online-Beratung zu Suchtfragen.

Zitat der S3-Leitlinie »Rauchen und Tabakabhängigkeit: Screening, Diagnostik und Behandlung« – AWMF 2021, S. 66:

> »Smartphones und Mobiltelefone können einen eigenständigen Beitrag zur Tabakentwöhnung leisten und andere Tabakentwöhnungsangebote sinnvoll ergänzen. In Anbetracht der weiten Verbreitung von ›Rauchfrei-Apps‹ wären methodisch hochwertige Studien wünschenswert, um die Frage zu klären, ob deren breitere Funktionalität auch mit entsprechenden Wirkeffekten einhergeht. Bei der Empfehlung mobiler Selbsthilfeprogramme sollten solche ausgewählt werden, die definierte Qualitätskriterien erfüllen.«

8.1.11 Ergo- und kunsttherapeutische Ansätze

Aufhörwillige Raucherinnen und Raucher können von ergo- und kunsttherapeutischen Behandlungsansätzen profitieren. Es existieren erfolgreiche Erfahrungsberichte in Rehabilitations- und Suchtkliniken, in denen die Tabakentwöhnung ein integraler Bestandteil des Therapieprogramms ist.

Kreativtechniken, Malen, Symbole unterstützen die Auseinandersetzung mit dem eigenen Rauchverhalten und regen Alternativen an, Möglichkeiten, sich abzulenken. Die Methoden können in der Gruppentherapie wie einzeln genutzt werden.

Beispiele der Umsetzung in der Ergotherapie können kreativ-gestalterische Kunstprojekte sein mit unterschiedlichen Materialien. Gedanken, Wünsche, Zweifel können so in anderer Form verbildlicht werden.

8.1.12 Besonderheiten der Nikotinberatung

Expertinnen und Experten der Nikotinberatung und Tabakentwöhnung sollten in der Regel in den Grundausbildungen die möglichen Folgeerkrankungen des Tabakkonsums kennenlernen und sich dieser bewusst sein. Da der häufigste Grund eines Rauchstopps eine Folgeerkrankung des Rauchens ist, sind die Betroffenen mit Diagnosen konfrontiert, wie z. B. einer COPD, und suchen aus der Erfahrung in der Praxis der Nikotinberatung auch Antworten auf Fragen, die im Zusammenhang mit der Erkrankung stehen. Dabei geht es nicht darum, die Rolle der Medizin zu übernehmen und umfassend die Diagnose zu erklären, jedoch sollten die Allgemeinzustände der Patientinnen und Patienten berücksichtigt werden.

Die Betroffenen kommen oft mit Schuldgefühlen und/oder schlechtem Gewissen in die Praxis, selbst für ihre Erkrankung verantwortlich zu sein. Gerade chronisch Kranke sehen sich als Versager ihrer Rauchstoppversuche.

Die Beratungsperson ist einerseits Wissensträger und kann erklärend wirken oder auch an Dienste weitervermitteln, seien es Selbsthilfegruppen oder Organisationen wie Lungenligen. Zum anderen sollte sie sich ihrer Rolle bewusst sein, den Beratungsauftrag des Begleitens und Beratens im Rahmen der Tabakkonsum-Veränderung zu erfüllen und, wenn es notwendig sein sollte, den Klientinnen und Klienten auch weitere Fachpersonen, z. B. psychotherapeutischer Fachrichtungen, weiterzuempfehlen. Die Erfahrung in der Praxis zeigt, dass mit dem Rauchstopp depressive Zustände eintreten, da mit der Zigarette eine Art Selbstmedikation durchgeführt worden ist.

Für etliche Aufhörwillige ist es das erste Mal, dass sie Hilfe und Unterstützung in einer Beratungsform aufsuchen oder an eine solche überwiesen werden.

Die Erwartungshaltung kann verschieden sein. Die Frage an die Beratungsperson »Haben Sie schon einmal geraucht?« sollte diese nicht irritieren. Ob diese selbst schon einmal geraucht hat oder nicht, ist nicht relevant für den Aufhörprozess von Betroffenen. Es zeigt eine geringe Selbstwirksamkeit.

Nach dem lösungsorientierten Ansatz richtet die Beratungsperson ihre Aufmerksamkeit auf die Bereiche des Lebens der Klientinnen und Klienten, die sie unterstützen, damit diese ihre Ziele erreichen. In diesem Sinne darauf, welche Ressourcen hilfreich sind und zum Erfolg des Rauchstopps führen. Was spricht gegen das Erreichen des Ziels? Diese Thematik wird angesprochen.

Liegt eventuell eine weitere Abhängigkeit vor, muss dies beachtet werden. Ein Doppelkonsum ist für die Entwöhnung eine Herausforderung.

8.1.13 Rauchen und Alkohol

Alkohol- und Tabakkonsum sind häufig miteinander verbunden (Hughes 1996; Bobo und Husten 2000). In der Regel wird ähnlich wie beim Rauchen Alkohol zwischen dem 12. und 14. Lebensjahr probiert. Rauchende Personen mit einer Tabakabhängigkeit haben ein vierfach erhöhtes Risiko (Grant et al. 2004), gleichzeitig alkoholabhängig zu werden. Personen mit einer Alkoholabhängigkeit sind dreifach höher gefährdet auch zu rauchen (DiFranza und Guerrera 1990; Grant et al. 2004). 80 bis 90 % der Alkoholikerinnen und Alkoholiker rauchen und 90 % sind nach FTND (Fagerström Test for Nicotine Dependence) tabakabhängig (Batel et al. 1995). Aus Ergebnissen von Studien (Batel et al. 1995; Myers und Brown 1994; Grant et al. 2004) geht hervor, dass der Anteil von Rauchern bei Alkoholikerinnen und Alkoholiker höher ist.

8.1 Therapieansätze

Bei Tests an freiwilligen Probanden haben Forscherinnen und Forscher des Duke University Medical Centers herausgefunden, dass bereits geringe Mengen Alkohol die angenehme Wirkung von Nikotin verstärken und Menschen dazu veranlassen, beim Trinken alkoholischer Getränke mehr zu rauchen. Die Ergebnisse liefern eine physiologische Erklärung für die häufige Beobachtung, dass Menschen in Bars mehr rauchen. Der kombinierte Konsum von Zigaretten und Alkohol birgt Gesundheitsrisiken, die über die Risiken des Rauchens allein hinausgehen. Die gleichzeitige Verwendung von Nikotin und Alkohol kann dazu dienen, das mit beiden verbundene Gefühl des Vergnügens zu steigern. Es wurde gezeigt, dass Alkohol und Nikotin die Ausschüttung von Dopamin steigern – was an der positiven Verstärkung der Sucht beteiligt ist. Das Duke-Team rekrutierte 48 reguläre Raucherinnen und Raucher, die normalerweise mindestens vier alkoholische Getränke pro Woche tranken. Die Forschenden servierten allen Teilnehmenden entweder alkoholische oder Placebo-Getränke. In einer solchen Sitzung erhielten Einzelpersonen normale Zigaretten, während sie in einer anderen Sitzung als Kontrolle nikotinfreie Zigaretten erhielten. Nach eigenen Bewertungen der Teilnehmenden verstärkte Alkohol viele der lohnenden Wirkungen von Nikotin, einschließlich der Zufriedenheit und der beruhigenden Wirkung, im Vergleich zu Placebo-Getränken. Das Rauchen von nikotinfreien Zigaretten löste bei den Alkoholempfängern nicht die gleiche positive Reaktion aus. Das Team stellte fest, dass Nikotin selbst und nicht andere Aspekte des Rauchens der entscheidende Bestandteil der Wechselwirkung war. Angesichts der aktuellen Erkenntnisse ist es erklärbar, dass so viele Menschen, die mit dem Rauchen aufgehört haben, beim Trinken einen Rückfall erleiden (Duke Heath News 2016).

> **Merke:** Wer raucht, konsumiert auch häufiger und höhere Mengen Alkohol als Nichtrauchende. Rauchende mit einer Tabakabhängigkeit haben ein höheres Risiko auch alkoholabhängig zu werden. Parallele Therapien von Tabak- und Alkoholabhängigkeit sind

> möglich und sinnvoll. Die Aufrechterhaltung von Abstinenz bedarf der Beachtung des Konsums beider Substanzen.

8.1.14 Rauchen und Cannabis

Einige Zigarettenraucherinnen und -raucher konsumieren gleichzeitig auch Cannabis. Die Mischung Tabak-Cannabis ist vor allem bei jungen Leuten sehr verbreitet. Meistens fangen Jugendliche mit dem Zigarettenrauchen an und mischen dann Haschisch hinein (Joint).In einer Studie in Schottland (Amos et al. 2004) wurde der Zusammenhang zwischen Tabakrauchen und Cannabiskonsum bei Rauchern im mittleren bis späten Teenageralter untersucht. Es wurde festgestellt, dass Cannabiskonsum als wichtiger und angenehmer Aspekt im Leben vieler Teilnehmer angesehen wurde. Cannabiskonsum und Zigarettenrauchen waren untrennbar miteinander verbunden. Mehrere berichteten, dass das Rauchen von Joints ein »Tor« zum Zigarettenrauchen war. Während die meisten mit dem Rauchen aufhören wollten, verstärkte der Cannabiskonsum ihr Zigarettenrauchen und nur wenige wollten aufhören, Cannabis zu konsumieren. Dies Studie zeigte auch, dass der tägliche Cannabiskonsum im Alter von 21 Jahren das Nikotinabhängigkeitsrisiko für Nichtrauchende 3-mal erhöht (Amos et al. 2004).

Im Jahr 2005 zeigte eine Studie, dass Jugendliche, die nie geraucht, aber schon Cannabis konsumiert hatten, ein um 8,4-mal höheres Risiko hatten, Zigaretten zu rauchen. Die Studie zeigte ebenfalls, dass Personen mit täglichem Cannabis-Konsum, die mit 20 Jahren nikotinfrei waren, ein um 3,6-mal höheres Nikotinabhängigkeitsrisiko im Alter von ungefähr 24 Jahren hatten (Patton et al. 2005).

Heute schlussfolgert man, dass der Tabakkonsum den Übergang zum Cannabiskonsum fördert und umgekehrt. Tabak und Cannabis beeinflussen sich gegenseitig. Diese Interaktion ist bis heute nicht vollständig geklärt. Tabak beschleunigt die Verdampfung des THCs (Tetrahydrocannabinol), der psychoaktiven Substanz des Cannabis, die für die Abhängigkeit verantwortlich ist, was den Effekt des Cannabis verstärkt (Van der Kooy et al. 2008).

Soziale, genetische und Umwelteinflüsse spielen eine Rolle des gleichzeitigen Tabak- und Cannabiskonsums. Raucherinnen und Raucher merken selbst, dass Cannabisrauchen die Tabakabhängigkeit verstärkt (Highet 2004).

Im Jahr 2009 wurden 22 Jugendliche zwischen 15 und 21 Jahren im Rahmen einer Studie befragt. Sie gaben an, dass der Konsum einer der beiden Substanzen zunehmen würde, wenn sie versuchten, den Konsum der anderen zu reduzieren oder abzusetzen (Akré et al. 2010).

Der Tabakentzug bei gleichzeitigem Konsum von Tabak und Cannabis ist schwieriger.

Während 13 Jahren haben Wissenschaftlerinnen und Wissenschaftler aus Baltimore Tabakkonsumierende beobachtet, bei denen einige auch Cannabis rauchten. Die Tabakrauchenden, die regelmäßig Cannabis konsumierten, waren 13 Jahre später 3-mal häufiger weiterhin rauchend als die Zigarettenrauchenden (Ford et al. 2002).

Behandlungen, die spezifisch auf die dem Nikotin und Marihuana gemeinsamen Neurotransmitter ausgerichtet wären, wären der Idealfall (Ford et al. 2002).

Angebote sollten integrativ sein mit einer ergänzenden medizinischen, psychiatrischen und psychotherapeutischen Unterstützung.

> **Merke:** Für eine Abstinenz ist es zu empfehlen, beide Produkte Nikotin und Cannabis gleichzeitig abzusetzen.

8.1.15 Rauchen und psychiatrische Störungen

Menschen mit psychiatrischen Störungen (insbesondere Menschen mit Schizophrenie, Agoraphobie, Panikstörung und schweren Depressionen) konsumieren doppelt so häufig Tabak wie die Allgemeinbevölkerung.

Raucherinnen und Raucher mit psychiatrischen Störungen rauchen mehr Zigaretten pro Tag als jene ohne psychische Störung. Tabakbedingte Erkrankungen sind eine der häufigsten Todesursachen bei Erwachsenen mit psychiatrischen Störungen.

C. Winterer beschreibt 2013 in einem Artikel mit dem Titel »Ein Überblick – Rauchen und psychiatrische Erkrankungen« im Journal für Neurologie Neurochirurgie und Psychiatrie: »Basierend auf Schätzungen des ›National Epidemiologic Survey on Alcohol and Related Conditions‹ in den USA (USNESARC) ist davon auszugehen, dass etwa 1/4 bis 1/3 aller Personen mit Nikotinabhängigkeit gleichzeitig eine psychiatrische Diagnose aufweisen« (Winterer 2013, S. 119). Ein weiteres Ergebnis dieser Umfrage war, dass psychiatrische Patientinnen und Patienten vergleichsweise starke Raucherinnen und Raucher sind. Während lediglich 7 % aller befragten Personen eine psychiatrische Diagnose angaben, konsumierte diese Gruppe 34 % aller in den USA verkauften Zigaretten. Bei bestimmten Gruppen psychiatrischer Patientinnen und Patienten ist dabei die Prävalenz der Nikotinabhängigkeit besonders hoch und liegt bei ca. 60 % für Patientinnen und Patienten mit affektiven Störungen bzw. bei 60–90 % für Patientinnen und Patienten mit schizophrener Erkrankung, während sie in der Allgemeinbevölkerung mit 30 % vergleichsweise niedrig ist (Kalman et al. 2005; Glassman et al. 1990). Umgekehrt besteht bei der Gesamtheit aller Rauchenden ein 3-fach erhöhtes Risiko, im Laufe des Lebens an einer depressiven Störung zu erkranken, d. h. die Lebenszeitprävalenz einer depressiven Störung ist bei Raucherinnen und Rauchern etwa 30–60 % (Breslau und Johnson 2000). Klinisch bedeutsam ist in diesem Zusammenhang, dass etwa 10–20 % aller Rauchenden während einer 12-monatigen Abstinenz eine depressive Störung entwickeln, davon der überwiegende Teil während der ersten drei Monate nach Beendigung des Nikotinkonsums. Dies betrifft offenbar v. a. Personen, die sehr früh (< 15 Jahre) mit dem Rauchen begonnen haben (2-faches Risiko) (Tsoh et al. 2000). Anders ausgedrückt: Rauchen ist ein Prädiktor für Depression und umgekehrt, wie in einer erschienenen systematischen Übersichtsarbeit longitudinaler

Studien von nicht klinischen Jugendlichen eindrücklich gezeigt werden konnte (Chaiton et al. 2009).

Eine Entwöhnungsbehandlung von Rauchenden mit komorbider Depression ist ähnlich erfolgreich wie bei nicht psychiatrisch erkrankten Rauchenden (Aubin et al. 2012).

Personen mit psychiatrischen Erkrankungen weisen eine erhöhte Sterblichkeit auf.

In Abteilungen der Psychiatrie sind Angebote oder Unterstützung in der Tabakentwöhnung wenig verbreitet. Es existieren jedoch auch Best-Practice-Beispiele. Ein Team der Psychiatrie des Hôpital du Jura bernois SA in Bellelay, Schweiz, forschte am Zusammenhang zwischen COPD und psychiatrischen Erkrankungen in einem Projekt mit dem Titel: »COPD Prevalence in People with mental Ilness« unter der Leitung von Dr. Alina Ciuchete Beauvieux, MD (Cohen et al. 2020). Dabei wurde innerhalb von 72 Stunden in drei Monaten (April bis Juni 2019) nach der Aufnahme der Patientinnen und Patienten ein COPD-Risikotest der Lungenliga Schweiz vorgeschlagen: Allen Patientinnen und Patienten stand es frei, zu akzeptieren oder abzulehnen. Es wurden auch andere soziodemografische und Gesundheitsdaten erhoben. 72 Personen nahmen an der Studie teil: 30 Männer (40 %) – 42 Frauen (60 %). 68 % rauchen: 49 Personen. Altersgruppe: 18 bis 89 Jahre alt. Mittels Tests wurde festgestellt, dass 60 % der rauchenden Patientinnen und Patienten ein leicht erhöhtes Risiko hatten, an COPD zu erkranken, und 40 % an einer COPD erkranken würden. Man stellte fest, dass alle Rauchenden, die während dieser Studie in diese Psychiatrie eingewiesen wurden, COPD-gefährdet sind. Zwei Patienten mit der Diagnose COPD waren bereits in Behandlung, als sie in die Psychiatrie eingewiesen wurden.

Fazit der Studie war: Eine Zusammenarbeit zwischen Psychiatrie und Pneumologie sollte gefördert und eine Spirometrie regelmäßig angeboten werden. Eine systematische Tabakentwöhnung sollte eingeführt werden.

8.2 Präventionsansätze

Den Einstieg zum Rauchen zu verhindern sowie der Rauchstopp sind die effektivsten Maßnahmen der Tabakprävention. Eine wirkungsvolle Tabakprävention setzt dabei sowohl auf der Verhältnis- als auch auf der Verhaltensebene an. Verhältnisprävention zielt auf Veränderungen in der Umwelt ab. Das kann im Rahmen von Gesetzen oder anderen Regulierungen sein, aber auch in der Verbesserung der gesellschaftlichen Rahmenbedingungen. Verhaltensprävention zielt darauf ab, Menschen in einem verantwortungsvollen Umgang mit psychoaktiven Substanzen oder potenziell abhängig machenden Verhaltensweisen zu unterstützen. Dies erfolgt in Form von Förderung der Lebens- und Konsumkompetenz.

Die gesundheitsschädlichen Auswirkungen des Rauchens sind mittlerweile weltweit in mehr als Tausenden von medizinischen Studien nachgewiesen. Weltweit sind es derzeit vier Millionen Menschen, die täglich an den Folgen des Rauchens sterben. Die WHO erwartet bis zum Jahre 2030 mindestens eine Verdopplung der Todesfälle. Effektive und wirksame Präventionsmaßnahmen zur Reduzierung des Tabakkonsums können in sechs Maßnahmen geclustert werden (Schaller und Pötschke-Langer 2012):

- Erhöhung der Tabaksteuer und der Tabakpreise
- Schutz vor Passivrauch – beispielsweise durch rauchfreie Arbeitsplätze (inklusive Gastronomie), rauchfreie öffentliche Einrichtungen, rauchfreie öffentliche Verkehrseinrichtungen etc.
- Informationskampagnen
- umfassende Tabakwerbeverbote
- große bildliche Warnhinweise auf Tabakverpackungen
- Maßnahmen zur Tabakentwöhnung

Die oben genannten Maßnahmen und Umsetzungsvorschläge haben die Weltgesundheitsorganisation (WHO) und deren Vertragsstaaten

2003 im WHO-Rahmenübereinkommen zur Eindämmung des Tabakgebrauchs (Framework Convention on Tobacco Control, FCTC) festgehalten. Ziel des Übereinkommens ist es, »heutige und zukünftige Generationen vor den verheerenden gesundheitlichen, sozialen und die Umwelt betreffenden Folgen des Tabakkonsums und des Passivrauchens zu schützen« (Deutsche Übersetzung FCTC 2004, Artikel 3, S. 6).

180 Vertragsparteien haben das Rahmenübereinkommen bis Mai 2015 völkerrechtlich bindend angenommen. Das Protokoll ist ein eigenständiger Vertrag und muss von mindestens 40 Parteien unterschrieben und ratifiziert werden, um in Kraft zu treten. Danach ist es völkerrechtlich bindend. Aktuell haben 54 Vertragsparteien das Protokoll des Rahmenübereinkommens unterschrieben. In ihrer Rede zum 10. Jahrestag des Rahmenübereinkommens im Jahr 2015 bezeichnete WHO-Generaldirektorin Margaret Chan das Rahmenübereinkommen als das wichtigste Instrument der Prävention im Dienste der Weltgesundheit. Sie betonte auch, dass weiterhin an der Umsetzung gearbeitet werden muss und insbesondere die Einflussnahme der Tabakindustrie auf die Tabakkontrollpolitik verhindert werden muss.

Wie gut ein Staat die sechs Maßnahmen umsetzt, wird in der »Tobacco Control Scale« (The Tobacco Control Scale 2019 in Europe, Joossens et al. 2020) bewertet. Was sich in anderen Ländern als besonders wirksam herausgestellt hat, wird höher bewertet. Zu Beginn waren es die europäischen Länder. Inzwischen lassen sich weltweit weitere Länder in diesem internationalen Vergleich bewerten. Die »European Tobacco Control Scale« wurde 2020 zur »Tobacco Control Scale« umbenannt. 2019 haben sich daran 36 Länder beteiligt. Bei der letzten Erhebung im Jahr 2016 waren es 35, Israel ist neu dabei. Deutschland ist an den letzten Platz 36 gerückt, die Schweiz auf Platz 35 und Österreich liegt auf Platz 21.

8.2.1 Jugendliche

Die emotionale, soziale und neurobiologische Entwicklung in der Adoleszenz ist stürmisch und sprunghaft und durch vielfältige, in einem biografisch recht kurzen Zeitraum stattfindende Prozesse gekennzeichnet. Die Hirnreifung ist als eigenständiger wichtiger Entwicklungsfaktor zu sehen, die zunächst aber eine gewisse Instabilität mit sich bringt. Während in der späten Kindheit vor allem die synaptische Verschaltung sehr stabil ist und dadurch auch zu weitgehend konstanten Verhaltens- und Erlebensweisen befähigt, verändert sich diese Konstellation etwa ab dem 12. Lebensjahr und wird de facto erst im 16. bis 17. Lebensjahr wieder das gleiche stabile Niveau erreichen wie vorher. Greift nun eine Substanz wie Nikotin in die Entwicklung ein, entwickelt ein Jugendlicher in dieser Phase eine manifeste Sucht oder wird das Nikotin in die üblichen Coping- und Bewältigungsmechanismen integriert, so greifen physiologische und psychologische Faktoren ineinander und die Entwicklung ist ungünstig.

Eine frühe und klar den Einstieg herausschiebende oder besser verhindernde Intervention bei nikotingefährdeten Jugendlichen ist daher aus neurobiologischer und entwicklungspsychologischer Sicht sinnvoll und indiziert.

Wenn Elternteile oder Geschwister rauchen, erhöht sich das Risiko mit dem Rauchen zu beginnen. Es lohnt sich daher frühzeitig, werdende Eltern an ihre Vorbildrolle zu erinnern.

Präventionsfachstellen und Organisationen bemühen sich, den Einstieg in den Tabakkonsum zu verhindern. Bundesweite Kampagnen und individualisierte Projekte für Jugendliche und junge Erwachsene werden durchgeführt und verschiedene Medien (SMS, Internet usw.) dafür genutzt.

In der schulischen Intervention haben sich verhaltensorientierte Ansätze besser bewährt als reine Informationsvermittlung über die Folgen des Rauchens. Ein Beispiel ist das Angebot »Videounterstützte Tabakprävention«, das von der Lungenliga Solothurn entwickelt wurde. Es handelt sich um einen erlebnisorientierten Workshop für

Jugendliche zwischen 12 und 16 Jahren. Das Angebot richtet sich an Jugendliche der Oberstufenschulen im Kanton Solothurn. Der Workshop wird innerhalb einer Klassenlektion von 1½ bis 2 Stunden durchgeführt. Das Ziel des Projekts ist es, rauchende Jugendliche zu motivieren, mit dem Rauchen aufzuhören oder zumindest ihren Konsum zu reduzieren. Zu diesem Zweck können die Jugendlichen in der Präventionslektion ihr Wissen über den Tabakkonsum erweitern und werden dabei für ihre eigene Einstellung zum Tabakkonsum sensibilisiert. Diese Sensibilisierung erfolgt durch die Aufnahme, das Abspielen und die Diskussion über Videosequenzen, in denen die Jugendlichen von ihren Tabakerfahrungen erzählen. Den rauchenden Jugendlichen wird im Anschluss an die Präventionslektion eine Rauchstoppberatung angeboten. Die Lungenliga Solothurn hat die »Videounterstützte Tabakprävention« von 2013 bis 2015 als Pilotprojekt in ihrem Kanton umgesetzt. Aufgrund der guten Evaluationsergebnisse führt sie das Angebot mit einem Nachfolgeprojekt im Kanton Solothurn weiter und macht es darüber hinaus in mindestens drei anderen Kantonen zugänglich. Neu bezieht das Projekt auch die Eltern mit ein (Elternveranstaltungen); dies ist Teil des kantonalen Programms Solothurn (Koalick 2018).

In den Empfehlungen von Gmel et al. im Forschungsbericht Sucht Schweiz 2017 wird die Stärkung der elterlichen Rolle und der Kompetenzen betont, um Kinder und Jugendliche vom Rauchen abzuhalten. Ein autoritativer Erziehungsstil, elterliches Monitoring der Aktivitäten der Kinder und klare Regelsetzung auf der Grundlage einer guten Eltern-Kind-Kommunikation sind zu fördern. Vielversprechend ist insbesondere, wenn mehrere Ebenen im Umfeld des Kindes (Familie plus Schule, Freizeit, Gemeinde) gemeinsam agieren.

Eine Erhebung des Konsumverhaltens in Österreich hat ergeben, dass ein Mindestverkaufsalter für Tabakprodukte – ohne zusätzliche Maßnahmen – Kinder und Jugendliche nur wenig schützt. In Österreich werden seit 2019 Tabakprodukte nur noch an 18-Jährige abgegeben. Eine Erhebung des Konsumverhaltens von Schülerinnen und Schülern in Österreich hat ergeben, dass Kiosks zu den wichtigsten Bezugsquellen der Minderjährigen gehören.

8 Interventionsplanung in Therapie und Prävention

Für einen wirksamen Jugendschutz wird die Abschaffung von Zigarettenautomaten und Verbote für Promotion, Sponsoring und Werbung, die auch die Verkaufsorte einschließen, empfohlen.

8.2.2 Gesundheitsinstitutionen

Unter den Gesundheitsinstitutionen nehmen Krankenhäuser, Spitäler und Kliniken eine zentrale Funktion ein bei der Prävention tabakbedingter Krankheiten, ebenso bei der Aufklärung und Behandlung der Betroffenen.

Mit der großen Zahl an medizinischem Personal besteht ein hohes Potenzial, Präventionsmaßnahmen in diesem Setting umzusetzen. Gesundheitsinstitutionen sind oft große Arbeitgeber in der Region und tragen als solche auch eine Verantwortung für die Gesundheit ihrer Mitarbeitenden.

In der Regel sind es bei Tabakkonsumierenden die sogenannten »*teachable moments*« wie z. B. Schwangerschaft oder Krankheiten, die unmittelbar oder nicht unmittelbar mit dem Tabakkonsum zusammenhängen, die sie zu einer Verhaltensänderung bewegen und motivieren.

Neben individuellen Maßnahmen im Rahmen von Beratungen und Therapien spielen die äußeren Rahmenbedingungen im Sinne der Verhältnisprävention und Vorbildfunktion für eine konsequente Tabakfrei-Politik eine bedeutende Rolle.

Das grundsätzliche Know-how der Gesundheitsinstitutionen für die Umsetzung und Implementierung von Tabakpräventionsmaßnahmen ist vorhanden und diverse Einrichtungen sind aktiv. Aktuell existieren flächendeckend jedoch große Unterschiede.

Während die einen schon viel in diesem Bereich unternommen haben und bereits mit Tabakfrei-Konzepten arbeiten, befinden sich andere noch im Anfangsprozess. Dabei wird vor allem nach einer allgemeinen Tabakpräventionsstrategie gesucht, und es werden Konzepte geprüft oder selbst erarbeitet. Bisherige Erfahrungen und Interviews haben ergeben, dass eine Unterstützung durch die Geschäftsleitung unabdingbar ist für das Einführen und Umsetzen von Konzepten. Bei steigendem Kostendruck spielt die Finanzierbarkeit eine Schlüsselrolle.

Nebst der Beratung und Behandlung von Patienten und Patientinnen mit Krankheitsfolgen durch den Tabakkonsum sollen Präventionsangebote auch für spezifische Zielgruppen wie z. B. jugendliche Tabakkonsumierende, Schwangere, psychisch Erkrankte oder Personen mit sonstigen Einschränkungen sowie auch sozial Benachteiligte etabliert oder intensiviert werden.

Es werden Strategien benötigt, die die Grundlagen dafür liefern, dass Entscheidungsträger von Gesundheitsinstitutionen und deren Repräsentanten und Repräsentantinnen in verschiedenen Bereichen der Tabakprävention und Behandlung der Tabakabhängigkeit erreicht und auch zukünftig befähigt werden, Konzepte und Maßnahmen für eine erfolgreiche Tabakprävention in ihren Einrichtungen nachhaltig zu implementieren und zu verbessern.

Die Tabakfrei-Politik in Gesundheitsinstitutionen trägt zur Vermeidung nicht übertragbarer Krankheiten mit Maßnahmen zur Umsetzung einer erfolgreichen Tabakfrei-Politik bei, zur Förderung des Rauchstopps und der Denormalisierung des Tabakkonsums in der Bevölkerung.

Förderlich ist die Zusammenarbeit mit relevanten Akteuren, Organisationen und Netzwerken der Tabakprävention und Gesundheitsförderung. Gesundheitsinstitutionen sollten von der Öffentlichkeit als tabakfreie Institutionen wahrgenommen werden. Dabei sind sie untereinander vernetzt und werden von der Politik unterstützt.

Für eine systematische Implementierung der Tabakfrei-Politik ist das Commitment einer Gesundheitsinstitution von zentraler Bedeutung. Wichtige Erkenntnisse zeigen, dass die Geschäftsleitung sowie Repräsentanten und Repräsentantinnen aus dem Qualitätsmanagement und Fachstellen der Beratung und Tabakentwöhnung unabdingbar sind für die Umsetzung und Sichtbarkeit einer nachhaltigen Implementierung von Maßnahmen erfolgreicher Tabakfrei-Politik nach innen und außen. Ebenso ist die Anbindung an nationale gesundheitsrelevante Strategien und Tabakpräventionsprogramme von großem Wert.

Eine Gesundheitsinstitution ist in der heutigen Zeit ein betriebswirtschaftliches Unternehmen, in dem die Themen der Gesundheitsförderung und Prävention wie auch das betriebliche Gesundheitsmanagement (BGM) nicht zwingend integrative Bestandteile der geschäftlichen Aktivität sind. Dazu muss die Notwendigkeit klar erkannt und gezielte Maßnahmen zur Tabakprävention müssen getroffen werden. Es ist zu beachten, dass in Geschäftsleitungen von Gesundheitsinstitutionen nicht hauptsächlich das Gesundheitspersonal, sondern Personen mit betriebswirtschaftlichem Hintergrund Führungsentscheide treffen. Es muss aufgezeigt werden, dass eine klare Verpflichtung zur Tabakprävention die Qualität des Leistungsangebots, die Reputation der Institution und damit auch die Patientenbindung nachhaltig verbessert. Ein effektiver und wirtschaftlicher Maßnahmenkatalog ist Grundlage für die Finanzierbarkeit.

Das grundsätzliche Know-how der Gesundheitsinstitutionen betreffend Tabakpräventionsmaßnahmen ist vorhanden und die Einrichtungen sind aktiv. Gesundheitsinstitutionen verfügen potenziell über Ressourcen zur professionellen Diagnostik und Behandlung. Durch den Erhalt und die Unterstützung der Maßnahmen der Tabakprävention werden die Gesundheitsinstitutionen darin unterstützt, die Tabakfrei-Politik in ihren Institutionen konsequent umzusetzen. Die Qualität der Aktivitäten wird systematisch verbessert und Gesundheitsinstitutionen sind in der Lage, sich kontinuierlich weiterzuentwickeln. Qualitätssteigerungen erhöhen die Wettbewerbsstärke von Gesundheitsinstitutionen (z. B. vermehrte Zuweisungen von Patienten und Patientinnen an die Nikotinberatung im Spital).

Nationale und internationale Erfahrungen in Netzwerken zeigen, dass die Qualität der Umsetzung von Maßnahmen auf der Verhaltens- und Verhältnisebene mit einem Zertifizierungsprozess steigt.

Das Qualitätsmanagement ist Schnittstelle zu allen Abteilungen in Gesundheitsinstitutionen und verantwortlich für die Sicherung und ständige Optimierung von Konzepten und Prozessen mit dem Ziel einer hohen Qualität (Good Clinical Practice). Erfahrungen zeigen, wenn die Strategie zur Tabakfrei-Politik einer Einrichtung im Qualitätsmanagement integriert und auch im betrieblichen Gesundheitsmanagement verankert ist, wird die Qualität gewährleistet und einer kontinuierlichen Evaluation unterzogen. Good Clinical Practice wird durch eine schrittweise Entwicklung erreicht. Für die praktische Nikotinberatung existieren Leitlinien basierend auf Expertenmeinungen. Diese werden im Folgenden der Einfachheit halber auch »Best Practice« genannt. Qualitätsstandards können mit einer Zertifizierung bestätigt und abgebildet werden, wie diese auch international z. B. durch die internationale Non-Profit-Organisation GNTH (Global Network for Tobacco Free Healthcare Services) praktiziert wird. Seit seiner Gründung (1999) hat dieses globale Netzwerk einen praxisbezogenen und kontinuierlich evaluierten Standard für die Qualität des Tabakfrei-Managements in Kliniken, Spitälern und Gesundheitsinstitutionen unter dem Namen »Global Network Konzept« entwickelt. Auf dieser Grundlage besteht die Möglichkeit, sich zertifizieren zu lassen, und zwar auf den Niveaus Bronze, Silber und Gold. Die Zertifikate motivieren die Mitarbeitenden von Gesundheitseinrichtungen.

Erfolgsentscheidend für die Tabakprävention in einer Gesundheitsinstitution ist die langfristige Sicherung der Finanzierung. Verantwortlichen muss die Finanzierbarkeit der Maßnahmen der Tabakprävention aufgezeigt werden. Diese wird direkt durch Fördergelder, Abgeltung direkter medizinischer Leistungen oder indirekt durch Senkung von Folgekosten wie das Beseitigen von Raucher-Abfall, aber auch durch Imageverbesserung gewährleistet.

Die Geschäftsleitung spielt hier, wie auch beim Commitment, eine entscheidende Rolle: Die endgültige Entscheidung hinsichtlich definierter Maßnahmen und deren Finanzierung liegt immer bei den verantwortlichen Führungspersonen bzw. bei der Geschäftsleitung.

Gesundheitsinstitutionen befinden sich heutzutage im ständigen Wandel, und direkt davon abhängig bleibt die Frage der Finanzierbarkeit. Die Kliniklandschaft verändert sich, und die Gesundheitsversorgung unterliegt gesellschaftlichen Risiken oder muss auch bei außerordentlichen gesellschaftlichen Herausforderungen bestehen können, wie das ganz aktuell die Corona-Pandemie aufzeigt. Wenn innerhalb solcher Szenarien Prioritäten verschoben werden, ist es sehr wichtig, dass Präventionsmaßnahmen und Gesundheitsförderung nicht vernachlässigt werden. Aus diesem Grund muss das Engagement im Speziellen auch für die Tabakprävention längerfristig bestehen und finanzierbar sein.

Ein spezialisiertes Netzwerk für Gesundheitsinstitutionen für die Tabakprävention trägt zur nationalen Tabakkontrolle und Tabakprävention bei und unterstützt die nationalen gesundheitspolitischen Strategien. Es unterstützt die Institutionen in der Umsetzung der Tabakfreipolitik und fördert die Sichtbarkeit des Engagements der Institutionen gegen außen.

In seinen Aktivitäten ist es auf die Bedürfnisse seiner Mitglieder ausgerichtet, vernetzt sie im gleichen Interessensfeld und wirkt als Dienstleister und unterstützt bei der Verbesserung von Maßnahmen.

> **Merke:** Die Umsetzung der WHO-Tabakkonvention weltweit ist die wichtigste Maßnahme der Tabakprävention. Gesundheitsinstitutionen und Gesundheitspersonal spielen eine Schlüsselrolle in der aktiven Bekämpfung der Tabakepidemie. Kliniken und Spitäler sollten über ein eindeutiges, starkes und nachhaltiges Engagement zur systematischen Implementierung der Tabakfrei-Politik verfügen, um den Tabakkonsum der Bevölkerung zu reduzieren, dabei handeln diese aktiv und werden von der Öffentlichkeit als tabakfreie Institutionen wahrgenommen. In der Tabakprävention sollten differenzierte Maßnahmen kontinuierlich angeboten werden. Diese setzen auf den Ebenen der Verhaltens- und Verhältnisprävention an und berücksichtigen unterschiedliche Zielgruppen. Organisationen sollten sich untereinander vernetzen oder sind untereinander vernetzt und sollten von der Politik unterstützt sein.

9

Ausblick

Es gibt viele Anhaltspunkte dafür, dass der Nikotinverbrauch in den westlichen Industrieländern weiter zurückgeht und die normativ-kontrollierenden Mechanismen, die beispielsweise zum Nichtraucherschutz eingeführt wurden, weiter Wirkung zeigen. Ebenso ergeben sich generationale Aspekte mit jüngeren Generationen (»Y« ab 1985 oder »Z« ab 2000), die ohnehin dem Nikotin- und Zigarettenkonsum eine geringere Bedeutung beimessen. Dies dürfte im weltweiten Zusammenhang aber global nicht überall der Fall sein, was Verkaufszahlen und Gesundheitsdaten zeigen.

Für die deutschsprachigen Länder sind es die besagten normativen, aber auch die lifestyle- und gesundheitsorientierten Ansätze, die kombiniert das Gesamtrisiko des Rauchens verringern, was die Zahl der Bundeszentrale für gesundheitliche Aufklärung (BzgA) und anderer Surveys zeigen.

Der entscheidende Punkt dürfte aber sein, wie weiterhin im Bereich der elektronischen Zigaretten, des sogenannten Dampfens und der anderen Produkte dieser Art eine andere Form von Nikotin- und Tabakkonsum oder analoger Substanzen immer mehr Raum greift und das klassische Rauchen ablöst.

Da diese Entwicklungen zum jetzigen Zeitpunkt Beginn 2021 noch nicht wirklich gut empirisch abgesichert und damit abschätzbar sind, wurde in diesem Buch auf eine umfassende Darstellung des aktuellen Wissensstands verzichtet; die Thematik wird an anderer Stelle aufzunehmen sein. Sicher wird die bereits beworbene »Personalisierung des Raucherlebens« aufgrund der technologischen Fortschritte weitergehen, und damit werden noch stärker als bisher individuelle Risikomuster und Gebrauchsformen in den Vordergrund treten. Dementsprechend individuell sind auch Interventionen anzupassen.

Literatur

Aboaziza E, Eissenberg T (2015) Waterpipe tobacco smoking: what is the evidence that it supports nicotine/tobacco dependence? Tob Control 24: 44–53.

Abbühl C, Koalick S (2015) Schlussbericht Pilotprojekt Kooperation Nachbetreuung Klinik Barmelweid – Rauchstopplinie.

Agrawal A, Knopik VS, Pergadia ML et al. (2008) Correlates of cigarette smoking during pregnancy and its genetic and environmental overlap with nicotine dependence. Nicotine and Tobacco Research 10: 567–578.

Akré C, Michaud P-A, Berchtold A et al. (2010) Cannabis and tobacco use: where are the boundaries? A qualitative study on cannabis consumption modes among adolescents. Health Education Research 25(1): 74–82.

Al-Shammari KF, Moussa MA, Al-Ansari JM et al. (2006) Dental patient awareness of smoking effects on oral health: Comparison of smokers and non-smokers. Journal of Dentistry 34: 173–178.

Amos A, Wiltshire S, Bostock Y et al. (2004) You can't go without a fag...you need it for hash' - a qualitative exploration of smoking, cannabis and young people. Addiction 99(1): 77–81.

AWMF – Arbeitsgemeinschaft der Wissenschaftlichen Medizinischen Fachgesellschaften (2021) S3-Leitlinie »Rauchen und Tabakabhängigkeit: Screening, Diagnostik und Behandlung«. Überarbeitung von Januar 2021. (https://www.awmf.org/leitlinien/detail/ll/076-006.html, Zugriff am 30.01.2021).

Arbeitsgemeinschaft Tabakprävention Schweiz (AT Schweiz) (2020) Tabak für die Hälfte aller suchtbedingten Kosten verantwortlich. 29. September 2020. (https://portal.at-schweiz.ch/de/aktuell/medien/637-tabak-fuer-die-haelfte-aller-suchtbedingten-kosten-verantwortlich, Zugriff am 05.05.2020).

Atzendorf J, Rauschert C, Seitz N-N et al. (2019) Gebrauch von Alkohol, Tabak, illegalen Drogen und Medikamenten. Schätzungen zu Konsum und substanzbezogenen Störungen in Deutschland. Deutsches Ärzteblatt 116(35–36): 577–584.

Aubin HJ, Rollema H, Svensson TH et al. (2012) Smoking, quitting and psychiatric disease: A review. Neurosci Biobehav Rev 36 271–84.

Bandura A (1979) Sozial-kognitive Lerntheorie. Stuttgart: Klett-Cotta.

Batel P, Pessione F, Maître C, Rueff B (1995) Relationship between alcohol and tabacco dependencies among alcoholics who smoke. Addiction 90(7): 977–980.

Literatur

Batra A, Kröger C, Lindinger P, Pötschke-Langer M (2008) Qualitätsmerkmale von Raucherbehandlungen – die Notwendigkeit für definierte Standards. Sucht 54 (2): 95–100.

Batra A, Schütz CG, Lindinger P (2006) Tabakabhängigkeit. In: Schmidt LG et al. (Hrsg.) Evidenzbasierte Suchtmedizin. Behandlungsleitlinie Substanzbezogene Störungen. Köln: Deutscher Ärzte-Verlag. 91–142.

Benjamin-Garner R, Stotts A (2013) Impact of Smoking Exposure Change on Infant Birth Weight Among a Cohort of Women in a Prenatal Smoking. Cessation Study, Nicotine und Tobacco Research 15(3): 685–692.

BFS – Bundesamt für Statistik (2020) Schweizerische Gesundheitsbefragung 2017. Tabakkonsum in der Schweiz. (https://www.bfs.admin.ch/bfsstatic/dam/assets/11827016/master, Zugriff am 24.08.2021).

Blalock JA, Fouladi RT, Wetter DW et al. (2005) Depression in pregnant women seeking smoking cessation treatment. Addicitive Behaviors 30: 1195–1208.

Bobo JK, Husten C (2000) Sociocultural influences on smoking and drinking. Alcohol Res Health 24(4): 225–232.

Bodner ME, Dean E (2009) Advice as a smoking cessation strategy: a systematic review and implications for physical therapists. Physiother Theory Pract 25: 369–407.

Breslau N, Johnson EO (2000) Predicting smoking cessation and major depression in nicotine-dependent smokers. Am J Public Health 90: 1122–7.

Bundesamt für Gesundheit (BAG) (2020) Nationale Strategie zur Prävention nicht übertragbarer Krankheiten. (https://www.bag.admin.ch/bag/de/home/strategie-und-politik/nationale-gesundheitsstrategien/strategie-nicht-uebertragbare-krankheiten.html, Zugriff am 05.06.2020).

Bundesamt für Gesundheit (BAG) (2019a) Entwurf zum Tabakproduktegesetz. (https://www.bag.admin.ch/bag/de/home/strategie-und-politik/politische-auftraege-und-aktionsplaene/politische-auftraege-zur-tabakpraevention/tabakpolitik-schweiz/entwurf-tabakproduktegesetz.html, Zugriff am 30.01.2021).

Bundesamt für Gesundheit (BAG) (2019b) Der Tabakpräventionsfonds (https://www.tpf.admin.ch/tpf/de/home/fonds/tabakpraeventionsfonds.html, Zugriff am 01.10.2020).

Bundesamt für Statistik (BFS) (2020) Statistik der Schweiz Themenbereich: 14 Gesundheit BFS, Februar Neuchâtel 2020.

Cahill K, Stevens S, Perera R, Lancaster T (2013) Pharmacological interventions for smoking cessation: an overview and network meta-analysis. Cochrane Database Syst Rev (5): CD009329.

Cahill K, Lindson-Hawley N, Thomas KH, Fanshawe TR, Lancaster T (2016) Nicotine receptor partial agonists for smoking cessation. Cochrane Database Syst Rev.

Chaiton MO, Cohen JE, O'Loughlin J et al. (2009) A systematic review of longitudinal studies on the association between depression and smoking in adolescents. BMC Public Health 9: 356.

Chemie.de (2020). Tabakrauch. (https://www.chemie.de/lexikon/Tabakrauch.html, Zugriff am 01.10.2020).

Chiou W-B, Wu W-H, Chang M-H (2012) Think abstractly, smoke less: a brief construal-level intervention can promote self-control, leading to reduced cigarette consumption among current smokers. Addiction 108: 985–992.

Chong DS, Yip PS, Karlberg J (2004) Maternal smoking: an increasing unique risk factor for sudden infant death syndrome in Sweden. Acta Paediatrica 93: 471–478.

Cepeda-Benito A, Reig Ferrer A (2000) Smoking Consequences Questionnaire – Spanish. Psychology of Addictive Behaviors 14(3): 219–230.

Coad J, Dunstall M (2007) Anatomie und Physiologie der Geburtshilfe. München: Urban & Fischer.

Cohen A, Hamm I, Ciuchete-Beauvieux DA (2020) Rauchen und COPD Risiko in der Psychiatrie. Präsentation, 8. Nikotintagung Klinik Barmelweid 24.09.2020. (https://www.barmelweid.ch/fileadmin/user_upload/Tagungen_Dokumente_Download/Nikotintagung_2020/Rauchen_und_COPD_in_der_Akutpsychiatrie_Nikotintagung_2020.pdf, Zugriff am 03.09.2021).

Deutsches Krebsforschungszentrum (2008) Faktenblatt zum Rauchen, Pharmakologische Wirkung und Entstehung der Abhängigkeit. Heidelberg: Deutsches Krebsforschungszentrum.

Deutsches Krebsforschungszentrum (2011) Gewichtszunahme durch einen Rauchstopp – ein begrenztes Problem. Heidelberg: Deutsches Krebsforschungszentrum. (https://www.dkfz.de/de/tabakkontrolle/download/Publikationen/FzR/FzR_Gewichtszunahme_durch_Rauchstopp.pdf, Zugriff am 24.08.2021).

Deutsches Krebsforschungszentrum (2012) Mentholkapseln in Zigarettenfiltern – Erhöhung der Attraktivität eines gesundheitsschädlichen Produkts. Heidelberg: Deutsches Krebsforschungszentrum.

Deutsches Krebsforschungszentrum (2018) Wasserpfeifen. Fakten zum Rauchen. Heidelberg: Deutsches Krebsforschungszentrum.

DiFranza JR, Guerrera MP (1990) Alcoholism and smoking. J Studies on Alcohol 51 (2): 130–135.

DiFranza JR, Savageau JA, Fletcher K et al. (2002) Measuring the loss of autonomy over nicotine use in adolescents: the DANDY (Development and Assessment of Nicotine Dependence in Youths) Study. Archives of Pediatric Adolescent Medicine 156: 397–403.

Doll R, Peto R, Boreham, Sutherland I (2004) Mortality in relation to smoking: 50 years' observations on male British doctors. BMJ 328: 1–9.

Duke Health News (2016) Insight into Alcohol-Nicotine Interaction Might Lead to New Quitting Method. March 22, 2004, updated January 20, 2016. (https://corporate.dukehealth.org/news/insight-alcohol-nicotine-interaction-might-lead-new-quitting-method, Zugriff am 15.12.2021).

Edwards N, Sims-Jones N (1998) Smoking and Smoking Relapse During Pregnancy and Postpartum: Results of a Qualitative Study. Birth 25(2): 94–100.

Fagerström KO (2012) Determinants of tobacco use and renaming the FTND to the Fagerström Test for Cigarette Dependence. Nicotine Tob Res 14: 75-78.

Fiore MC, Jaén CR, Baker TB et al. (2008) Treating tobacco use and dependence: 2008 Update. Clinical practice guideline. Rockville, MD: U.S. Department of Health and Human Services, Public Health Service.

Ford DE, Vu HT, Anthony JC (2002) Marijuana use and cessation of tobacco smoking in adults from a community sample. Drug and Alcohol Dependence An International Journal on Biomedical and Psychosocial Approaches 67(3): 243-8.

Gilliand FD, Berhane K, McConnell R et al. (2000) Maternal smoking during pregnancy, environmental tobacco smoke exposure and childhood lung function. Thorax 55: 271–276.

Gilpin EA, Pierce JP (1997) Trends in adolescent smoking initiation in the United States: is tobacco marketing an influence? Tobacco Control 126.

Glassman AH, Helzer JE, Covey LS et al. (1990) Smoking, smoking cessation, and major depression. JAMA 264: 1546–1549.

Gmel G, Kuendig H, Notari L et al. (2017) Suchtmonitoring Schweiz – Konsum von Alkohol, Tabak und illegalen Drogen in der Schweiz im Jahr 2016. Sucht Schweiz, Lausanne, Schweiz.

Grant BF, Hasin DS, Chou SP, Stinson FS, Dawson DA (2004) Nicotine dependence and psychiatric disorders in the United States: results from the national epidemiologic survey on alcohol and related conditions. Arch Gen Psychiatry 61(11): 1107–1115.

Hartmann-Boyce J, Chepkin SC, Ye W, Bullen C, Lancaster T (2018) Nicotine replacement therapy versus control for smoking cessation. Cochrane Database of Systematic Reviews.

Haustein KO (2000) Rauchen, Nikotin und Schwangerschaft. Geburtshilfe und Frauenheilkunde 60: 11–19.

Haustein K, Gronenberg D (2008) Tabakabhängigkeit, Pharmakologie und Pharmakokinetik von Nikotin, Abstract. (https://link.springer.com/chapter/10.1007/978-3-540-73309-6_4, Zugriff am 15.06.2021).

Highet G (2004) The role of cannabis in supporting young people's cigarette smoking: a qualitative exploration. Health Educ Res 19(6): 635–643.

Hughes JR (1996) Treating smokers with current or past alcohol dependence. Am J Health Behavior 20: 286–290.Jacobson E (1934) You must relax. Whittlesey House. PsycINFO Database Record (c) 2016 (https://psycnet.apa.org/record/1934-04003-000, Zugriff am 13.06.2021).

Joossens L, Feliu A, Fernandez E (2020) The Tobacco Control Scale 2019 in Europe. Brussels: Association of European Cancer Leagues, Catalan Institute of Oncology. (http://www.tobaccocontrolscale.org/TCS2019.pdf, Zugriff am 30.06.2021).

Juarez SP, Merlot J (2013) Revisiting the Effect of Maternal Smoking during Pregnancy on Offspring Birthweight: A Quasi-Experimental Sibling Analysis in Sweden. PLos ONE 8(4): 1–7.

Kalman D, Morissette SB, George TP (2005) Comorbidity of smoking in patients with psychiatric and substance use disorders. Am J Addict 14: 106–23.

Krenz H, Voigt M, Hesse F et al. (2011) Influence of Smoking during Pregnancy Specified as Cigarettes Per Day on Neonatal Anthropometric Measurements – Analysis of the German Perinatal Survey. Geburtshilfe und Frauenheilkunde 71: 663–668.

Kröger C, Lohmann B (2007) Tabakkonsum und Tabakabhängigkeit, Bewältigung von Entzugssymptomen. Göttingen: Hogrefe. S. 71.

Levine MD, Marcus MD (2004) Do changes in mood and concerns about weight relate to smoking relapse in the postpartum period? Archive's of Women's Mental Health 7: 155–166.

Lindinger P, Batra A, Pötschke-Langer M (2006) Leitfaden zur Kurzintervention bei Raucherinnen und Rauchern. Bundeszentrale für gesundheitliche Aufklärung BZgA, Hilfreiche Interventionen, S. 52.

Lindson-Hawley N, Hartmann-Boyce J, Fanshawe TR, Begh R, Farley A, Lancaster T (2016) Interventions to reduce harm from continued tobacco use. Cochrane Database of Systematic Reviews Issue 10.

Lu Y, Tong S, Oldenburg B (2001) Determinants of smoking and cessation during and after pregnancy. Health Promotion International 16: 355–365.

MacFadyen L, Hastings G, MacKintosh AM (2001) Cross sectional study of young people's awareness of and involvement with tobacco marketing. BMJ 514.

McRobbie H, Bullen C, Glover M et al. (2008) New Zealand smoking cessation guidelines. N Z Med J 121: 57–70.

Malka S, Gregori M (2008) Vernebelung Wie die Tabakindustrie die Wissenschaft kauft. Zürich: Orell Füssli.

Marthaler M (2014) Kurzintervention zur Rauchentwöhnung: Das Ziel nicht aus den Augen verlieren, Fazit. ForschungsSpiegel von Sucht Schweiz (https://www.suchtmagazin.ch/2014/articles/id-12014.html, Zugriff am 15.06.2021).

Miller WR, Rollnick S (2002) Motivational interviewing: Preparing people for change. New York: Guilford Press.

Patton GC, Coffey C, Carlin JB et al. (2005) Reverse gateways? Frequent cannabis use as a predictor of tobacco initiation and nicotine dependence. Addiction 100: 1518–1525.

Pierce JP, Choi WS, Gilpin EA et al. (1998) Tobacco Industry Promotion of Cigarettes and Adolescent Smoking. JAMA 279(7): 511–515.

Prochaska JO, DiClemente CC (1983) Stages and processes of self-change of smoking: toward an integrative model of change. J Consult Clin Psychol 51: 390–395.

Prochaska JO, DiClemente CC, Norcross JC (1992) In Search of the Structure of Change. New York: Springer.

Rahmenübereinkommen der WHO zur Eindämmung des Tabakgebrauchs (2004) Zwischen Deutschland, Österreich und der Schweiz abgestimmte deutsche Übersetzung Endfassung: 2. April 2004, S. 6.

Raherison C (2014) Early detection of COPD in primary care: which tools? Rev. Mal Respir 31: 391–393.

Ribeiro VS, Figueiredo FP, Silva AAM et al. (2007) Do socioeconomic factors explain why maternal smoking during pregnancy is more frequent in a more developed city of Brazil? Brazilian Journal of Medical and Biological Research 40: 1203–121.

Rigotti NA, Munafo MR, Stead LF (2008) Smoking Cessation Interventions for Hospitalized Smokers. Arch Intern Med 168(18): 1950–60.

Rodriguez A, Bohlin G (2005) Are maternal smoking and stress during pregnancy related to ADHD symptoms in children? Journal of Child Psychology and Psychiatry 46: 246–254.

Schaller K, Pötschke-Langer M (2012) Tabakkontrolle in Deutschland und weltweit. Pneumologie 2012 DOI 10.1007/s10405-011-0560-0, Springer.

Schoberberger R, Kunze M (1999) Nikotinabhängigkeit – Diagnostik und Therapie. Wien/New York: Springer.

Schultz K, Buhr-Schinner H, Vonbank K et al. (2018) »Pneumologische Rehabilitation – Das Lehr- und Lernbuch für das Reha Team« der D-A-CH Arbeitsgemeinschaft. Oberhaching-Munich: Dustri.

Schwarz C (2012) Stillen und Rauchen. In: Egelkraut R, Freisburger D, Friedrich J, Friese-Berg S, Gresens R, Grüsgen K, Schwarz Ch (Hrsg.) Praxisbuch: Besondere Stillsituationen. Stuttgart: Hippokrates. S. 180–190.

Schweizer C (2009) Vom blauen Dunst zum frischen Wind Hypnotherapeutische Raucherentwöhnung in 5 Sitzungen, Kap. 3.4. Empirische Belege für die Wirksamkeit von Hypnotherapie 61–62: 62.

Schweizerischer Hebammenverband (SHV) (2017) Guideline zu Screening und Beratung bei Zigaretten- und Alkoholkonsum vor, während und nach der Schwangerschaft. SHV-Guideline, 21. März 2017. (https://www.hebamme.ch/wp-content/uploads/2018/06/05d_Guideline_Alkoholkonsum.pdf, Zugriff am 05.05.2021).

Smith PH, Weinberger AH, Zhang J, Emme E, Mazure CM, McKee SA (2017) Sex Differences in Smoking Cessation Pharmacotherapy Comparative Efficacy: A Network Meta-analysis. Nicotine Tob Res 19(3): 273–81.

Stead LF, Bergson G, Lancaster T (2008) Physician advice for smoking cessation. Cochrane Database Syst Rev. Cochrane Library

Suchtmonitoring Schweiz (2019) Tabak – Prävalenz. (https://www.suchtmonitoring.ch/de/1/1.html?tabak-pravalenz, Zugriff am 01.08.2019).

Sucht Schweiz (2018) Factsheet-Dossier Nikotinprodukte. Ausgabe Dez. 2018. (https://shop.addictionsuisse.ch/de/tabak-nikotin/139-320-factsheet-dossier-nikotinprodukte.html, Zugriff am 01.08.2019).

Special Eurobarometer 458 (2017) »Attitudes of Europeans towards tobacco and electronic cigarettes« Report European Union, S. 8.

Sussman S, Dent CW, Nezami E et al. (1998) Reasons for Quitting and Smoking Temptation among Adolescent Smokers: Gender Differences. Substance Use und Misuse 33: 14, 2703–2720.

Suzuki J, Kikuma H, Kawaminami K et al. (2005) Predictors of smoking cessation during pregnancy among the women of Yamato and Ayase municipalities in Japan. Public Health 119: 679–685.

Tabakatlas Deutschland (2020) Tabakentwöhnung in Europa Heidelberg: Deutsches Krebsforschungszentrum. S. 72.

Ting-Jung K, Li-Yi T, Li-Ching C et al. (2013) Parental Smoking During Pregnancy and Its Association with Low Birth Weight, Small for Gestational Age, and Preterm Birth Off-spring: A Birth Cohort Study. Pediatrics and Neonatology 55 (1): 20–27.

Torchalla I (2007) Präsentation Genderspezifische Ansätze in der Tabakentwöhnung, 5. Deutsche Konferenz zur Tabakkontrolle Heidelberg, 05.12.2007, Folie 4 Therapieangebote.

Tsoh JY, Humfleet GL, Muñoz RF et al. (2000) Development of major depression after treatment for smoking cessation. Am J Psychiatry 157: 368–74.

Van der Kooy F, Pomahacova B, Verpoorte R (2008) Cannabis smoke condensate I: the effect of different preparation methods on tetrahydrocannabinol levels. Inhal Toxicol 20(9): 801–4.

Wetter DW, Kenford SL, Smith SS et al. (1999) Gender differences in smoking cessation. Journal of Consulting and Clinical Psychology. DOI: 10.1037//0022-006x.67.4.555.

Whittaker R, Borland R, Bullen C et al. (2012) Mobile phone-based interventions for smoking cessation. Cochrane Database of Systematic Reviews Abstract. Main results.

Wiencke JK, Thurston SW, Kelsey KT et al. (1999) Early Age at Smoking Initiation and Tobacco Carcinogen DNA Damage in the Lung. JNCI: Journal of the National Cancer Institute 91, Issue 7: 614–619.

Winterer C (2013) Rauchen und psychiatrische Erkrankungen. Ein Überblick. Journal für Neurologie, Neurochirurgie und Psychiatrie 14 (3): 119–125.

World Health Organization (WHO) (1997) Tobacco or health: a global status report. Geneva.

World Health Organization (WHO) (2003) Framework Convention on Tobacco Control (FCTC). (https://www.who.int/fctc/text_download/en/, Zugriff am 30.01.2021).

World Health Organization (WHO) (2014) World Cancer Report 2014. (https://publications.iarc.fr/_publications/media/download/5839/bc44643f904185d5c8eddb933480b5bc18b21dba.pdf, Zugriff am 15.08.2021).

World Health Organization (WHO) (2015) Advisory note: waterpipe tobacco smoking: health effects, research needs and recommended actions by regulators. 2nd edition, WHO Study Group on Tobacco Product Regulation (TobReg). Genf.

World Health Organization (WHO) (2019) Report on the Global Tobacco Epidemic. Geneva.

Weiterführende Literatur Internetseiten und Quellen

Arbeitsgemeinschaft Tabakprävention Schweiz (AT Schweiz) Website. (https://portal.at-schweiz.ch/de, Zugriff am 04.05.2020).

Arbeitsgemeinschaft Tabakprävention Schweiz (AT Schweiz) (2014a) Faktenblatt zur Verpackung von Tabakwaren. (https://portal.at-schweiz.ch/images/pdf/faktenblaetter/de/tab_faktenblatt_verpackung_dez15_d.pdf, Zugriff am 30.01.2021).

Arbeitsgemeinschaft Tabakprävention Schweiz (AT Schweiz) (2014b) Faktenblatt zu Werbung, Promotion und Sponsoring. (https://portal.at-schweiz.ch/images/pdf/faktenblaetter/de/tab_faktenblatt_werbung_erhaeltlichkeit_dez15_d.pdf, Zugriff am 30.01.2021)

Atzendorf J, Gomes de Matos E, Piontek D (2018) Wirksamkeit psychologischer Interventionen zur Reduktion des Tabakkonsums. Suchttherapie 199–208. DOI: 10.1055/s-0044-102228.

Batra A (2011) Treatment of tobacco dependence. Dtsch Arztebl Int 108(33): 555–564.

Batra A, Buchkremer G (2004) Tabakentwöhnung – Ein Leitfaden für Therapeuten. 2. Aufl. Stuttgart: Kohlhammer.

Berger J, Neuberger M (2020) Wer schützt Österreichs Kinder und Jugendliche vor Tabakindustrie und -handel? Pädiatrie & Pädologie. Wien: Springer.

Bornhäuser A, Pötschke-Langer M (2001) Factsheet Tabakwerbeverbot. Heidelberg: Deutsches Krebsforschungszentrum.

Bundesamt für Gesundheit (BAG) (2020) Faktenblatt Cotinin. (https://www.bag.admin.ch/dam/bag/de/dokumente/chem/chemikalien-alltag/studienfaktenblatt-cotinin.pdf.download.pdf/Studienfaktenblatt_Cotinin_d.pdf, Zugriff am 15.06.2021).

Burger R, Davani K (2008) Schwarzbuch Zigarette. Wien: Carl Lieberreuter.

Colman GJ, Joyce T (2003) Trends in smoking before, during, and after pregnancy in ten states. American journal of preventive medicine 24(1): 29–35.

De Jong P, Kim Berg I (1999) Lösungen (er-)finden. Das Werkstattbuch der lösungsorientierten Kurztherapie. Dortmund: Verlag modernes lernen.

Deutsches Krebsforschungszentrum (2008a) (Hrsg.) Rauchen und Hautschäden. Heidelberg: Deutsches Krebsforschungszentrum

Deutsches Krebsforschungszentrum (2008b) Faktenblatt zum Rauchen, Nikotin Pharmakologische Wirkung und Entstehung der Abhängigkeit.

Deutsches Krebsforschungszentrum (2015) Das Protokoll zur Unterbindung des unerlaubten Handels mit Tabakerzeugnissen. WHO Framework Convention on Tobacco Control (FCTC). Heidelberg: Deutsches Krebsforschungszentrum (Hrsg.).

Deutsches Krebsforschungszentrum (2021) Fagerströmtest für Zigarettenabhängigkeit (https://www.dkfz.de/de/tabakkontrolle/Fagerstroem.html, Zugriff am 16.06.2021).

Deutsches Krebsforschungszentrum (2018) Gesundheitsgefährdung von Kindern durch Tabakrauch im Auto. Fakten zum Rauchen. Heidelberg: Deutsches Krebsforschungszentrum (Hrsg.).

Effertz T (2020) Die volkswirtschaftlichen Kosten von Alkohol- und Tabakkonsum in Deutschland. In: Deutsche Hauptstelle für Suchtfragen (Hrsg.) DHS Jahrbuch Sucht 2020. Lengerich: Pabst.

Falbe J, Regitz M (1992) Römp Lexikon Chemie. 9. Aufl. Stuttgart/New York: Thieme. S. 4434–4438.

Frick KM, Brueck R (2010) Kurzinterventionen mit Motivierender Gesprächsführung. Köln: Deutscher Ärzte-Verlag.

Global Network for Tobacco Free Healthcare Services (https://www.tobacco freehealthcare.org/, Zugriff am 30.01.2021).

Grant BF, Hasin DS, Chou SP, Stinson FS, Dawson DA (2004) Nicotine dependence and psychiatric disorders in the United States: results from the national epidemiologic survey on alcohol and related conditions. Arch Gen Psychiatry 61(11): 1107–1115.

Gorman D, Drewry A, Huang YL et al. (2003) The clinical toxicology of carbon monoxide. Toxicology 187: 25–38. CrossRefPubMed.

Jacobson E (1934) You must relax. Whittlesey House. PsycINFO Database Record (c) 2016 (https://psycnet.apa.org/record/1934-04003-000, Zugriff am 13.06.2021).

Koalick S (2018) Prävention und Rauchstopp – So fördert man das Nichtrauchen im Jugendalter, 29. Juni 2018 – Pädiatrie. Neuhausen am Rheinfall: Rosenflue.

Kuntz B, Zeiher J, Hoebel J, Lampert T (2016) Soziale Ungleichheit, Rauchen und Gesundheit. Suchttherapie 17: 115–123.

Kuntz B, Zeiher J, Starker A, Lampert T (2018) Tabak – Zahlen und Fakten zum Konsum. In: Deutsche Hauptstelle für Suchtfragen (Hrsg.) DHS Jahrbuch Sucht 2018. Lengerich: Pabst.

Lichtenschopf A, Mühlig S, Koalick S (2019) Tabakentwöhnung in der Rehabilitation. In: Schultz K, Buhr-Schinner H, Vonbank K, Zwick RH, Frey M, Puhan M (Hrsg.) Pneumologische Rehabilitation – Das Lehr- und Lernbuch für das Reha-Team. Deissenhofen bei München: Dustri-Verlag Dr. Karl Feistle.

Malka S, Gregori M (2008) Vernebelung – Wie die Tabakindustrie die Wissenschaft kauft. Zürich: Orell Füssli.

Myers MG, Brown SA (1994) Smoking and health in substance abusing adolescents: A two year follow-up. Pediatrics 93(4): 561–566. Itasca, IL, 60143.

Polanska K, Hanke W, Sobala W et al. (2010) Predictors of smoking relapse after delivery: Prospective study in central Poland. Matern Child Health Journal 15: 579–586.

Pomp W, Frits R, Rosendaal JM, Doggen C (2008) Smoking increases the risk of venous thrombosis and acts synergistically with oral contraceptive use. Am J Hematol 83(2): 97–102.

Prady SL, Kiernan K, Bloor K et al. (2011) Do risk factors for post-partum smoking relapse vary according to marital status? Matern Child Health Journal 16: 1364–1373.
Robert Koch-Institut (Hrsg.) Faktenblatt zu KiGGS Welle 1: Studie zur Gesundheit von Kindern und Jugendlichen in Deutschland – Erste Folgebefragung 2009–2012. RKI, Berlin. (http://www.kiggs-studie.de, Stand: 02.09.2015, Zugriff am 01.07.2021).
Rote Reihe Tabakprävention und Tabakkontrolle (2005) Band 5 Passivrauchen – ein unterschätztes Gesundheitsrisiko. Heidelberg: Deutsches Krebsforschungszentrum.
Rote Reihe Tabakprävention und Tabakkontrolle (2006) Band 6 Rauchlose Tabakprodukte: Jede Form von Tabak ist gesundheitsschädlich. Heidelberg: Deutsches Krebsforschungszentrum.
Safezone.ch, Online-Beratung zu Suchtfragen. (https://www.safezone.ch/beratung.html, Zugriff am 26.05.2021).
Service Clinical Practice Guideline. (2008) Executive summary. Respire Care 53(9): 1217–1222.
Siedentopf J-P (2008) Pathophysiologische Aspekte des Rauchens in der Schwangerschaft. Zeitschrift Geburtshilfe Neonatologie 212(3): 77–79.
Surgeon General's Report (2001) Women and Smoking. (http://www.cdc.gov/tobacco/data_statistics/sgr/sgr_2001/index.htm, Zugriff am 02.01.2020).
Tabakfrei.de (http://www.tabakfrei.de/tabakkontrolle.htm Zugriff am 30.01.2021).
Tools for implementing WHO PEN (Package of essential noncommunicable disease interventions) (https://www.who.int/ncds/management/pen_tools/en/, Zugriff am 30.01.2021).
World Health Organization (WHO) (2016) Electronic Nicotine Delivery Systems and Electronic Non-Nicotine Delivery Systems (ENDS/ENNDS). (https://www.who.int/tobacco/communications/statements/eletronic-cigarettes-january-2017/en/, Zugriff am 30.01.2021).
World Health Organization (WHO) (2020) Heated tobacco products information sheet. (https://www.who.int/publications/i/item/WHO-HEP-HPR-2020.2, Zugriff am 30.01.2021).
WHO Quit tobacco today! (https://www.who.int/news-room/spotlight/using-ai-to-quit-tobacco, Zugriff am 30.01.2021).
World Health Organization (WHO) (2020) Home/Newsroom/Q&A Detail/ Tobacco: E-cigarettes 29 January 2020 | (https://www.who.int/news-room/q-a-detail/tobacco-e-cigarettes, Zugriff am 05.06.2021).
YouTube-Film Beispiel erwachsener Raucher (S. Koalick): »Jetzt ist fertig«: (https://www.youtube.com/watch?v=8e_m_-SKrcc, Zugriff am 26.05.2021).

Sachwortverzeichnis

A

Abhängigkeit 48, 51, 53, 58, 60–62, 66, 81, 102, 105
Absichtsbildung 77–78
Absichtslosigkeit 77–78
Acetylcholin 37
Agoraphobie 105
Akne 41
Akupunktur 96
Alkohol 16, 49, 102–103
Aneurysmen 40
Assoziationen 89
Asthma bronchiale 39
Aufhörmotivation 81, 92
Aufrechterhaltung 77, 104

B

Beheizte Tabakerzeugnisse (Heated Tobacco Products/HTPs) 20
Belohnungs- und Motivationssystem 46
Belohnungssystem 37
Beratungsperson 67, 75, 98, 101–102
Bewegung 91
Blutgerinnsel 41
Blutzuckerspiegel 91
Bupropion 82

C

Cannabis 105

chronische psychische Erkrankung 50
chronisch-obstruktive Lungenerkrankungen 92
CO-Hb-Bestimmung 64
CO-Messung 63
Commitment 113, 115
COPD 26, 38, 69, 99, 101, 107
Cotinin-Messung 63

D

Dampfen 20, 118
Depression 50, 105
DSM 58, 62

E

Einheitsverpackungen 17
Einsteigerprodukte 20
Elektronische Abgabesysteme ohne Nikotin (Electronic Non-Nicotine Delivery Systems/ENNDS) 21
Elektronische Nikotinabgabesysteme (Electronic Nicotine Delivery Systems/ENDS) 21
Entzugserscheinungen 23, 81, 92
Entzugsproblematik 81, 93, 96
ergo- und kunsttherapeutische Behandlungsansätze 100
ethnische Zugehörigkeit 86
E-Zigaretten 15, 19–21, 118

Sachwortverzeichnis

F

Fagerströmtest 61–62, 93
Finanzierung 115
First-Line-Medikamente 82
Folgekrankheiten 38
Framework Convention on Tobacco Control (FCTC) 17–18, 109
Frauen 16, 28, 40, 46, 48, 87, 107
Frustrationstoleranz 93

G

Gefäße 39–40
Gender 45, 86
Gesundheitsinstitutionen 112, 114–116
gesundheitspolitische Strategien 116
Gewicht 49, 87, 90
Gewichtszunahme 25, 76, 87, 90–91
Global Network for Tobacco Free Healthcare Services 115
Good Clinical Practice 114

H

Handlung 77, 79
harm reduction 92
Haut 38, 40, 81
Heilungsprozess 41
Herz 38–39
Hirninfarkt 40
Hochrisikogruppe 50
Hooked on Nicotine Checklist (HONC) 62
Hypnotherapie 96

I

ICD 58, 60, 62

Inhalation 37, 84
Inhaler 81
Internet 96, 110
Intervention 21, 48, 51, 54–57, 67, 73, 76, 78–79, 88, 92, 110, 118

J

Jugendliche 18, 62, 72, 83, 86, 105, 110–111

K

kardiovaskuläre Erkrankungen 39–40, 92
kardiovaskuläres System 39
karzinogen 31, 37
Kaugummi 81
Kautabak 83–84
Kliniken 97, 112, 115–116
Know-how 112, 114
Kohlenmonoxid 46, 63–64, 70
Kompetenzen 59, 74, 87, 111
Konditionierungsmechanismen 36
Krankenhäuser 112
Krebserkrankungen 18, 42
Kurzintervention 73, 80

L

lapses 88
Lösung 21, 74
lösungsorientierter Ansatz 102
Lösungsorientierung 74
Lungenemphysem 38
Lungenkrebs 38, 70
Lutschtabak 83
Lutschtabletten 81

M

Männer 46, 107
Medikamente 81–82
Menthol 33, 84
Modell-Lernen 72
Motivational Interviewing (MI) 55, 75–76
Motivationswaage 71
Müdigkeit 26, 88
Mundspray 81

N

Nervosität 48, 56, 92
Netzwerk 115–116
Neuronen 37
Nicot, Jean 14
Nikotinberatung 23–26, 92, 97–99, 101, 114–115
Nikotinpflaster 81

P

pack years 25, 63
Panikstörung 105
Parodontitis 42
Passivrauchen 18–19, 32, 43, 48, 109
Pausenzigarette 56, 88, 90
Pharmakologie 79
Plain Packing 17
Pneumologie 107
Pneumopathien 39
Prävention 39, 46, 48, 54, 65, 109, 112, 114
progressive Muskelentspannung 90
Psychiatrie 65, 107
psychisch Kranke 50–51

Q

Qualitätsmanagement 113–114
Quitlines 96

R

Rahmenbedingungen 45, 112
Rauchfreiheit 68, 74–75, 78–79, 90, 99
rauchlose Tabakprodukte 83
Rauchstopp 15, 18, 22, 25, 27, 39, 41, 47, 49–50, 68, 70, 73–74, 76, 81–82, 84, 87–90, 92–93, 97, 101–102, 108
Rauchstopplinie 96–99
Reduktion 45, 50, 56, 73, 82, 92
relapse 88
Ressourcen 74–75, 79, 88, 102, 114
Ressourcen- und lösungsorientierte Beratungskonzepte 74
Rezeptor 37
Ritual 51, 56
Rückfall 57, 76, 79, 88
Rylander-Affäre 19

S

S3-Leitlinie 15, 62, 65–66
Schizophrenie 50, 105
Schlafstörungen 88
schlechtes Gewissen 101
Schnupftabak 83
Schuldgefühle 101
Schwangerschaft 46, 49–50, 83, 87, 112
Selbstvertrauen 22, 88
Selbstwirksamkeit 67, 72, 74, 76, 78–79, 92, 102
Shisha 34, 85

slip 88
Snus 84
soziale Schicht 86
Spitäler 112, 116
Stabilisierung 50, 68, 77, 97–98
stages of change 76
Stigmatisierung 54
Stillen 48
Störungen von Geschmacks- und Geruchssinn 43
Stress 40, 56, 66, 86, 88

T

Tabakabhängigkeit 36, 54, 59, 61–62, 64–65, 67, 86, 88, 99, 105, 113
Tabakerhitzer 19
Tabakindustrie 15–16, 18–20, 83–84, 109
Tabakkonsum 16, 18–19, 28, 30, 38, 42, 50, 59, 61, 63, 67, 82, 85, 92, 101, 104, 108, 110–111, 113, 116, 118
Tabakpfeife 33
Tabakpflanze 13, 15, 31
Tabakprävention 18, 108, 110, 113–116
Tabakpräventionsmaßnahmen 84, 112, 114
teachable moments 68, 112

Test for Nicotine Dependence (FTND) 61
transtheoretisches Modell 79

V

Vareniclin 82
Verhaltenstherapeutische Einzel- und Gruppeninterventionen 66
Verstärker 69
Verstopfung 88
Vorbereitung 78, 88

W

Wasserpfeife 34, 85–86
WHO 17–18, 22, 28, 38, 58, 108–109, 116
WHO-Rahmenübereinkommen über Tabakkontrolle 17
Wundheilung 41
Wundheilungsstörungen 43

Z

Zertifikate 115
Zigarre 14, 33
Zuversichtsrating 78
zytotoxisch 37